Friedrich Held

Was habe ich euch getan?

Biografische Erzählung
über das Leben einer Jüdin in Franken

Edition Hesselberg & Altmühlfranken
im Schrenk-Verlag

Friedrich Held, Was habe ich Euich getan? 978-3-924270-48-3
Friedrich Held, Der Tote vom Eisler, 978-3-924270-78-0
Nadine Kießling, Als der Nebel sich lichtete 978-3-924270-52-0
Nadine Kießling, Als der See kam - Novelle (ersch. 2021)
Martin Röper, Geo-Zentrum Solnhofen, 978-3-924270-58-2
Martin Röper, Geo-Zentrum Solnhofen - Ebook 978-3-924270-33-9

Bibliographische Information der **Deutschen Nationalbibliothek**:
Die Deutsche Nationalbibliothek verzeichnet diese Publikation in der Deutschen Nationalbibliographie; detaillierte bibliographische Angaben sind im Internet über www.dnb.de abrufbar.

Impressum

Inh. Dr. Johann Schrenk, Alramweg 3, 91187 Röttenbach
schrenk@buchfranken.de / www.buchfranken.de
Satz und Layout: Schrenk-Verlag
Cover Vorderseite: Gestaltung Schrenk-Verlag, unter Verwendung eines Aquarells von Johanna Schierlinger; (s. S. 40/41 und Bildnachweis S. 126);
Herstellung: BoD – Books on Demand, Norderstedt

Originalausgabe 2019; 2. Auflage 2021

ISBN 978-3-924270-48-3

Friedrich Held

Was habe ich euch getan?

Biografische Erzählung über das Leben einer Jüdin in Franken

EHA Edition Hesselberg
& Altmühlfranken
im Schrenk-Verlag

Für Erika, Sabine und Andreas

INHALT

Vorwort

Elsa Lehmann-Richter musste schmerzlich erleben, wie sich politische Veränderungen dramatisch auf das private Leben auswirken können. In der kleinen fränkischen Stadt Wassertrüdingen verlebte sie eine behütete Kindheit in einem gläubigen jüdischen Elternhaus und in einer eingespielten Gemeinschaft von Christen und Juden. So konnte es geschehen, dass sich Elsa in den Christen Fritz Richter verliebte. Dieser erwiderte die Liebe, und sie konnten heiraten. Es wurde eine glückliche Ehe, die alle Widrigkeiten der Zeit überstand: Die Notzeit während und nach dem 1. Weltkrieg, den geschürten Hass gegen Juden, die Einschränkung ihrer Rechte, die zunehmende Angst vor Entdeckung und Verfolgung, den Schmerz über die Auswanderung der beiden Söhne, das jahrelange Versteckt-sein-müssen in ihrer kleinen Wohnung, schließlich die Bombenangriffe, ohne die Möglichkeit einen Luftschutzbunker aufzusuchen. Die Klugheit und Lebenstüchtigkeit ihres Mannes, der unerschütterlich zu ihr hielt, der das Ansinnen, sich von ihr zu trennen, zurückwies und der dafür seinen Beruf aufgegeben hatte, halfen über die tödlichen Gefahren der Zeit und führte das Paar aus dem gefährdeten Nürnberg zurück nach Wassertrüdingen. Dort musste Elsa versteckt bleiben. Sie erfuhr persönliche Zuwendung und Hilfe durch mutige Verwandte und fühlte sich nach dem Ende des Krieges in ihrer alten Heimat wieder wohl. Die zahlreichen Ansichten von Wassertrüdingen sollen das unterstreichen.

In den berührenden Erinnerungen von Elsa Lehmeier-Richter wird ungekünstelt über ihr Leben berichtet. Sie lassen den Leser die ungewöhnlichen schicksalhaften Verstrickungen mit der Willkür des damaligen verbrecherischen Systems erahnen. Elsa war eine bescheidene, freundliche, zurückhaltende Frau, und es erscheint mir beachtenswert, dass der in Todesangst und aus unsäglichem Leid gestellten Frage „Was habe ich euch getan?“ keine laute Anklage folgt. Ihr Bericht steht dafür und mag uns allen Mahnung sein.

Friedo Huber
Augsburg/Wassertrüdingen

Der Tod von Fritz Richter im Jahr 1950

An frühere Zeiten erinnerte sich Elsa Richter aus Wassertrüdingen nicht gerne, dazu war ihr Leben zu aufregend und längere Zeit auch zu gefährlich gewesen. Beginnen wir mit dem Ereignis, das Elsa am Ende ihres Lebens am meisten beschäftigte, das war der Tod ihres Manns. Fritz war ihr Ein und Alles, und er blieb dies auch nach seinem Tod. Auf den Grabstein schrieb sie, was ihr Ehemann Fritz für sie gewesen war: Ihr Kamerad, ihr Mann, ihr Freund und auch ihr Vorbild.

Als Ehefrau hätte sie das schönste Leben haben können, denn sie hatte einen treusorgenden Mann und zwei prächtige Söhne, doch die Umstände hatten vieles zerstört. Als Fritz nach zwei Gehirnschlägen starb, meinte der Arzt, dass ihm einiges erspart geblieben war. Er musste nicht lange leiden, und Elsa konnte ihn in seinen letzten drei Tagen umsorgen, auch wenn er nicht mehr bei Bewusstsein gewesen war. Ob Fritz seine Frau gespürt hatte, ob er sie verstanden hatte in seinem Sterbebett? Diese Fragen stellte sie sich oft, doch sie wusste es nicht. Elsa hatte ihm Kinderlieder vorgesungen und ihre Schwägerin Frieda hatte ihm Kirchenlieder vorgesungen und vorgesagt. Das hatte Elsa sehr bewegt, so sehr, dass sie später, als sie allein war, darüber nachdachte, selbst Christin zu werden. Frieda hatte ihr auch Trost zugesprochen. In den Tagen vor dem Tod von Fritz waren sich Elsa und Frieda, die Schwester ihres geliebten Mannes, noch viel näher gekommen, als vorher. „Wir glauben doch an denselben Gott!" hatte die Schwägerin immer wieder Elsa erklärt. Aus ihrer Jugend waren Elsa einige Thoraverse und Gebete in Erinnerung geblieben, die sie am Freitagabend beim Abendessen als Kinder aufgesagt hatten, oder die der Vater mit seiner tiefen Stimme am Vorabend des Sabbat gesungen hatte. Diese Erinnerungen gaben ihr Kraft am Krankenlager ihres geliebten Fritz.

Im Jahr 1950 schloss Fritz mit sechzig Jahren seine Augen. Am Todestag lag er wie die Tage vorher ganz ruhig in seinem Bett. Er hörte einfach auf zu atmen und mit entspannten Gesichtszügen lag er friedlich vor ihr. Elsa drückte ihm die Augen nicht zu, sie waren wie im Schlaf entspannt geschlossen. Vorher hatte sie sich nicht vorstellen können, dass der Tod etwas Schönes ist, doch in diesem Moment kam ein großer Friede über sie. Elsa hatte das Wichtigste und Schönste verloren, aber sie wusste, dass ihr geliebter Fritz in Frieden gegangen war. Abschied nehmen konnte nur sie, denn er war nicht mehr bei Bewusstsein. Dankbar hatte sie ihrem Liebsten sein ruhiges Sterben gegönnt, er hatte sich lange genug rührend um sie gekümmert. Ein bisschen Traurigkeit kam auf, weil Fritz seine beiden Söhne mehrere Monate nicht mehr gesehen hatte, aber er war immer stolz auf Ernst und Friedrich gewesen.

Die Beerdigung hatte Ernst miterleben können. Für Elsa war die Zeit zwischen dem Tod von Fritz und der Beerdigung sehr schwer. Als Steuerbeamter hatte sich Fritz immer um den gesamten Schriftverkehr, die Versicherungen, das Geld und eben auch um Einladungen und Termine gekümmert. Elsa hatte keine Übung in solchen Dingen und die Söhne waren weit weg. Frau Weeth, die Frau des Leichenbitters, unterstützte Elsa sehr und am zweiten Tag kam Ernst aus Augsburg, um seiner Mutter beizustehen. Das Schwierigste war die Abwicklung des Papierkrams mit den Behörden. Elsa war ja Beamtenwitwe geworden, aber jeder weiß, wie kompliziert und unverständlich es für eine Alleinstehende ist, mit den Behörden klarzukommen. Im Nachhinein wurde Elsa Richter erst richtig klar, warum so viele Menschen ihren Fritz um Rat gefragt hatten, und warum sie ihm so dankbar waren. Ernst besuchte in diesem Jahr mehrmals seine Mutter. Jedes Mal gab es neue Briefe, neue Anfragen und neue Probleme. Nach einigen Monaten war es dann so weit, dass das Schriftliche geregelt war. Elsa konnte wieder etwas ruhiger schlafen.

Ab und zu hatte Elsa schon an einer christlichen Beerdigung teilgenommen, doch ihre Trauer war so groß, dass sie Schwierigkeiten hatte, Dekan Hermann in der Friedhofskapelle bei seiner Predigt zu folgen. In seiner Ansprache erinnerte er noch einmal an das Leben von Fritz Richter. Er war als Bürgermeister beliebt gewesen, doch seine gute Zusammenarbeit mit den Amerikanern ärgerte viele, besonders die alten Nazis beschwerten sich, weil er mit den ehemaligen Feinden so gut zusammengearbeitet hatte. Wie kann man in einigen wenigen Minuten ein ganzes Leben beschreiben? Doch für einige Zuhörer und auch für Elsa war es wichtig, dass das Leben ihres Mannes gewürdigt wurde, auch wenn es nur in Ansätzen möglich war. Die große Rede von Bürgermeister August Fleischmann am offenen Grab war ehrlich gemeint, doch es waren sicher einige ehemalige Nazis auf dem Friedhof, die nie mit Fritz Richter einverstanden waren. Er hatte ihnen nichts getan. Viele hielten ihn immer noch für einen Verräter wegen seiner engen Kontakte zu den Amerikanern, das gefiel manchen nicht. Bürgermeister Fleischmann jedenfalls war ein Freund von Fritz Richter gewesen. Sogar fünf Jahre nach Kriegsende gab es noch Wassertrüdinger, die Elsa nicht gerne sahen. Einige gingen ihr zwanzig Jahre später noch aus dem Weg. Was hatten sie gegen sie? Was hatte sie ihnen getan? Warum hatte man sie während der Nazi-Zeit verfolgt und bedroht. Sie hatte keine Verwandten mehr, denn alle waren von Hitler und seinen Helfern umgebracht worden. Elsa war zurückhaltend, nie hätte sie diese Frage an jemanden gerichtet, doch sie fragte sich selbst immer wieder: „Was haben meine Eltern, was habe ich anderen getan, dass sie mich so hassen?“

Um so wichtiger war für Elsa die herzliche Anteilnahme, die sie von den Verwandten ihres Mannes erfuhr. Für sie war es ein beklemmendes Gefühl, dass einige der Beerdigungsbesucher sie noch mehrere Jahre vorher am liebsten hätten töten lassen. Nach der Beerdigung kam eine fremde Frau auf sie zu und umarmte

Bahnhof Wassertrüdingen

Elsa. „Ihr Mann war meine Rettung! Als Bürgermeister half er mir, denn ich stand mit meiner kleinen Tochter als Flüchtling mutterseelenallein auf dem Wassertrüdinger Bahnhof!" Elsa wusste, dass Fritz vielen Flüchtlingen geholfen hatte auch gegen den Willen von manchen Einheimischen. Natürlich hatte Fritz Richter nicht nur Feinde in der Stadt, es gab auch viele dankbare Bürger, die seine Arbeit als Bürgermeister sehr geschätzt hatten. Es war deshalb für Elsa sehr tröstlich, wie die Verwandten von Fritz sie und ihre Kinder unterstützt und getröstet hatten. Auch einige Nachbarn aus der Mühltor- und Marktstraße waren sehr besorgt und halfen, wo es ging. Leider konnte Sohn Friedrich nicht so schnell aus Kalifornien kommen, aber wenigstens telefonierte er mit seiner Mutter mehrmals in dieser Zeit.

Bürgermeister Fritz Richter - 1945 bis 1948

Warum selbst auf dem Friedhof noch Spannungen zwischen den Menschen zu spüren waren, ist aus heutiger Sicht nur schwer zu verstehen. Der Neuanfang 1945 führte nur langsam zu einer Befriedung zwischen den Bewohnern von Wassertrüdingen. Ehemalige Nazis wussten nicht, wie sich die Verhältnisse entwickeln würden. Einige versuchten weiter andere Mitbürger einzuschüchtern. Andere Einwohner freuten sich, dass der Nazispuk vorbei war, denn sie fühlten sich nicht mehr bespitzelt. Natürlich versuchten ehemalige Nazis sofort wieder in der Stadt mitzumischen. Als am 23. April 1945 die Amerikaner in Wassertrüdingen einmarschierten, war für sie Konrad S. der Ansprechpartner. Doch schon nach drei Tagen schlug ein frei einberufenes Gremium von Wassertrüdingern Fritz A. zum Bürgermeister vor. Einige Bürger wurden zu seinen Beiräten ernannt. Dieses Gremium musste ausführen, was die amerikanischen Besatzungssoldaten ihnen befahlen. Schon nach zwei Monaten wurde dieses Gremium von den Amerikanern abgesetzt. Weil die Entnazifizierung begann, durfte kein ehemaliger Nazi mehr Stadtoberhaupt sein. Ab 1. Juli 1945 ernannten die Amerikaner deshalb Fritz Richter zum Bürgermeister. Er berief acht Wassertrüdinger in sein Stadtgremium und August Fleischmann zu seinem Stellvertreter.

Fritz war von da an jeden Tag zwölf und mehr Stunden auf dem Rathaus. (Abb. S. 12/13) Daheim war er nur noch zum Schlafen und Essen, doch Elsa wusste, dass er die Arbeit gerne tat, weil man Leute wie ihn dazu brauchte. Es gab damals viele Probleme: Hungersnot, Wohnungsnot, Gesundheitsprobleme, Holz- und Kohle-Mangel, Arbeitslosigkeit, zerstörte Brücken, Entnazifizierung und so weiter. Einige alte Nazis wollten von Fritz „Persilscheine", das heißt, er sollte ihnen bescheinigen, dass sie keine Nazis oder auch keine Nazi-Anhänger gewesen

waren. Andere wollten keine Flüchtlinge aufnehmen, andere wurden zum Arbeitsdienst eingeteilt. Manche wollten nicht die Aufträge der Amerikaner ausführen, aber sie mussten, denn wer nicht arbeitete bekam keine Lebensmittelkarten. Allein die Züge mit mehreren hundert Flüchtlingen am Bahnhof, die im Sommer und Herbst 1945 ankamen, verursachten unendlich viel Arbeit und, was noch viel schlimmer war, sie verursachten sehr viel Ärger und Streitereien.

Ohne die Familie von Fritz hätte es Elsa damals nicht in Wassertrüdingen ausgehalten. Andere Frauen wären stolz gewesen, wenn ihr Mann Bürgermeister gewesen wäre, doch für sie war es eine sehr schwierige Zeit. Sie musste zusehen, wie ihr Mann arbeitete und sich mühte, dabei aber nur selten Lob erhielt. Die Amerikaner waren mit ihm zufrieden. So bekam er gegen seinen Willen oft Kaffee, Zucker und Zigaretten zugesteckt. Fritz rauchte nie, doch die Zigaretten waren für die Richters wie Bargeld. Gerne hätte Elsa weniger von den Amerikanern bekommen, wenn dafür die Arbeit für Fritz leichter geworden wäre. Manche fremden Leute baten sie auf der Straße, dass sie für sie ein gutes Wort bei ihrem Mann einlegen sollte. Und die ehemaligen Nazis neideten Fritz und Elsa das etwas schönere Leben, das sie nun im Gegensatz zu anderen hatten. Viele Frauen und Kinder litten Not, es fehlte wie gesagt an fast allem.

Über eine Entscheidung der Amerikaner ärgerte sich Elsa sehr, doch ihr Mann ermahnte sie, sich nicht dagegen zu stellen. Dem Ehepaar Richter wurde von der Besatzungsmacht im Spätsommer 1945 ein Haus in der Lentersheimer Straße als Wohnung zugewiesen, wobei das Unangenehme für Elsa war, dass die rechtmäßigen Besitzer vorher von den Amerikanern aus dem Haus geworfen worden waren. So konnte sie das Leben in diesem großen Haus mit einem schönen großen Garten nicht genießen, sie wollte sich einfach nicht daran gewöhnen, weil sie es für ungerecht hielt, dass den Besitzern das Haus weggenommen worden war. An einem kalten Wintertag im Februar 1946 brachte Fritz ein Ehepaar mit zwei kleinen Kindern ins Haus. „Wenn ich den anderen immer Flüchtlinge zuweise, dann müssen wir auch Vertriebene nehmen!" lautete seine Begründung. Beunruhigt war Elsa schon, als sie zum ersten Mal beim Abendessen zusammensaßen. Das Ehepaar war seit über vier Monaten auf der Flucht. Kleine Kinder mochte niemand, sie schreien manchmal nachts und auch am Tag sind sie nicht so ruhig wie ältere Leute. Deshalb war die junge Familie noch immer auf der Flucht. Das Ehepaar aus Böhmen hieß Elsa und Wilhelm Meister, die beiden Kinder hießen Georg und Robert. Georg war drei Monate alt, er war also auf der Flucht geboren worden, und Robert war vier Jahre. Eine Zeitlang folgte er Elsa auf Schritt und Tritt. Elsa war Großmutter geworden und manche Wassertrüdinger hielten die beiden Buben damals für ihre Enkel. Es war schön für sie, diesen aufgeweckten Buben bei ihren Besorgungen in der Stadt dabei zu haben. Er erzählte und fragte viel. Das junge Paar wohnte mit seinen Kindern in zwei Zimmern. Toilette und Bad sowie die Küche benutzten sie gemeinsam. Natürlich wäre es Elsa lieber gewesen, wenn jeder eine eigene Küche gehabt hätte, aber das ging ja nicht.

Fritz schlug vor, dass Elsa mittags warm kochen sollte. So konnte die junge Frau abends für ihren Mann und die Kinder ein warmes Essen kochen. Wilhelm fand bei einem Spengler Arbeit. Er schien tüchtig zu sein, und bald tauchte das Gerücht auf, dass der Bürgermeister Richter sich besonders nette Flüchtlinge ins Haus geholt hatte. Um die Familie Meister nicht zu bevorzugen, blieben sie nur ein halbes Jahr bei ihnen, dann konnte Fritz Richter ihren Antrag auf Zuteilung einer kleinen eigenen Wohnung bei den amerikanischen Behörden bzw. beim Landratsamt in Dinkelsbühl durchsetzen. Allerdings mussten sie eine Wohnung in Geilsheim nehmen, was bedeutete, dass Wilhelm dann jeden Tag nach Wassertrüdingen mit dem

Fahrrad fahren musste. Aber das junge Paar hatte nun eine eigene Wohnung. Trotzdem blieben die Familien noch in Kontakt, bis die Vertriebenen in den fünfziger Jahren in den Raum Nürnberg verzogen.

Schon drei Tage später erschien Fritz Richter mit zwei sechzehnjährigen Mädchen im Haus an der Lentersheimer Straße. Die beiden waren mit einem Flüchtlingszug in Wassertrüdingen ohne Eltern oder Verwandte angekommen. Bürgermeister Richter kannte niemand, der sich um die beiden kümmern sollte. So hatte Elsa plötzlich zwei junge Mädchen im Haus, die aber sehr anhänglich und überhaupt nicht schwierig waren. Charlotte und Elisabeth waren ohne Geschwister und ohne Eltern aus Ostpreußen mit einer benachbarten Familie geflüchtet, die allerdings in Thüringen bei Bekannten untergekommen war. So schlugen sich die Mädchen allein bis nach Plauen durch und stiegen ohne Zuteilung auf einen Flüchtlingszug nach Franken. Am Bahnhof Wassertrüdingen stellte sich heraus, dass sie gar nicht in diesem Zug gemeldet waren. Bürgermeister Richter nahm sie ganz unbürokratisch auf, was für ihn gar nicht so einfach war. Jemandem, den es nicht gab, konnte man wegen der Bürokratie kaum helfen. Alle Vertriebenen aus dem sowjetischen Machtbereich mussten auf Anordnung der Amerikaner wieder zurückgeschickt werden. Fritz Richter konnte wegen seiner guten Kontakte zur Besatzungsmacht erreichen, dass die beiden Mädchen in Wassertrüdingen bleiben konnten. Was würde mit zwei Mädchen geschehen, die in diesen unruhigen Zeiten allein auf sich gestellt waren?

Elsa Richter freute sich mit den Mädchen über ihren Aufenthalt in Wassertrüdingen, doch musste eine Lösung für die beiden gefunden werden. Sie sollten in Familien kommen, auf die man sich verlassen konnte. Fritz kannte einige Familien in den Nachbardörfern. So kamen die beiden Mädchen nach

Krankenhaus

ungefähr sechs Wochen jede zu einer Bauernfamilie, wo sie Familienanschluss und Arbeit hatten. Später konnte Charlotte einen Ausbildungsplatz bei einem Friseur in Wassertrüdingen bekommen, worüber sie sehr glücklich war. Elisabeth wurde im Krankenhaus als Hilfspflegerin angestellt. Sie lernte nach der Währungsreform dann Krankenschwester.

Das Ehepaar Richter hatte das Haus nur kurz für sich allein, denn zwei Wochen später brachte Fritz zwei ältere Damen mit, die von nun an bei ihnen wohnen sollten. Das war auf den ersten Blick recht günstig, doch es zeigte sich sehr schnell, dass die ältere sehr bestimmend war. Die beiden waren Cousinen und kamen aus Breslau. Nachdem sie an mehreren Orten gelebt hatten, erreichten sie unseren Landkreis, weil die beiden in Thüringen gehört hatten, dass die Versorgungslage bei den Amerikanern in Bayern so gut sei. Elsbeth Klingler hieß die ältere. Sie war Zeit ihres Lebens nicht verheiratet. Als ehemalige Volksschullehrerin wollte sie, dass alles so gemacht wurde, wie sie anordnete. Ihre etwas jüngere Cousine Margarete Weiß war darauf bedacht, der Älteren alles recht zu machen. Mit dem Kochen sollte es wieder so gemacht werden, dass Fritz und Elsa mittags aßen und die beiden am Abend. Doch Elsbeth beschwerte sich immer wieder darüber. Sie meinte, dass Fritz am Mittag doch meist nicht pünktlich wäre und dass sie und ihre Cousine doch jeden Mittag rechtzeitig zur Stelle wären. Fritz gab nach, wobei Elsa nur zustimmte, weil sie als Klügere nachgeben wollte.

Eines Tages verkündete Elsbeth, dass sie daheim schon ein Wannenbad mit heißem Wasseranschluss gehabt hatten, und dass dies in Wassertrüdingen ein kaum gekannter Luxus sei. Elsa sagte nichts, doch dachte sie sich, dass der undankbaren Elsbeth das moderne Bad in Breslau nun auch nichts mehr nützen konnte. Noch schwieriger waren die Abende, denn die beiden Damen wollten jeden Abend mit den Richters verbringen. Die Unterhaltung war meistens sehr anregend, doch Fritz und Elsa hatten kaum noch ein eigenes Familienleben, und das im eigenen Haus. Schon nach zwei bis drei Wochen, schränkten sie die gemeinsamen Abende stark ein. Nur noch am Mittwoch trafen sie sich im Wohnzimmer zum gemeinsamen Radio-Hören. Probleme gab es auch im Städtchen, denn die Ältere wollte Vorrechte in Anspruch nehmen, weil sie beim Bürgermeister untergebracht war. Das war stark, denn Elsa hätte so etwas für sich nie gefordert. Als im Kolonialladen Frosch und beim Bäcker Weeth Beschwerden an die Schwägerin Frieda herangetragen wurden, ging sie zu ihrem Bruder Fritz. Der fiel aus allen Wolken, als er das hörte. Natürlich hatten die beiden genügend Lebensmittelmarken und besondere Vorrechte waren nicht mit dem Vermieter verbunden. Fritz nahm die beiden ins Gebet, das heißt er machte ihnen klar, dass er für Untermieter aus seinem Haus keine Vorrechte duldete, besonders weil doch seine eigene Frau sehr bescheiden sei. Elsbeth versuchte von da an Elsa noch mehr als vorher Anordnungen zu geben. So kam sie eines Tages auf die Idee, dass Elsa von Mittwoch bis Freitag nicht mehr die Wäscheleine im Hof nutzen sollte, weil sie dann dran sei. Doch sie hatte nicht mit den Folgen gerechnet, die Elsa ihr dann klar machte. Sie durfte ab da nur noch am Mittwoch Vormittag die Wäsche waschen. Für Elsa war das alles lächerlich, denn wenn die Wäscheleine belegt war, konnte sie ja noch ihre Nachbarin fragen, ob sie ihre Wäsche bei ihr aufhängen könnte. Man könnte noch viele Einzelheiten aufzählen, die diese Frau immer wieder neu ersann. Schön war wenigstens, dass Margarete zu Elsa hielt, auch wenn sie nicht immer für sie Partei ergriff. Elsa nahm ihr das nicht übel, sie musste auch in Zukunft mit ihrer Cousine auskommen.

Obwohl Fritz sehr beschäftigt war, nahm er sich immer wieder Zeit, um mit seiner Frau Spaziergänge zu machen oder um Verwandte zu besuchen. Fritz war als Bürgermeister nicht unbeliebt. Das zeigte sich am 26. Januar 1946, an dem er von der Bürgerschaft von Wasssertrüdingen zum Bürgermeister gewählt wurde. Als SPD-Bürgermeister hatte er einige Alteingesessene gegen sich. Besonders die Nazis hätten gerne einen anderen Bürgermeister gesehen. Doch Elsa war sich sicher, dass die Wahl von Fritz auch zum Wohle der Stadt war, denn Fritz Richter hatte beste Beziehungen zu den Besatzungsoffizieren. Beide Söhne der Richters waren bei der amerikanischen Armee, deshalb achteten die Besatzungsoffiziere den Wassertrüdinger Bürgermeister. Einige Amerikaner kannten die Richter Söhne. Elsa interessierte sich nur wenig für Politik, doch ihr war schnell klar, dass Fritz meistens besser mit den Besatzern zurecht kam als mit manchem Wassertrüdinger. Natürlich musste sich Fritz Richter auch als Bürgermeister

Postkarte aus den 30er-Jahren des 20. Jahrhunderts

den Anordnungen der Amerikaner beugen, doch viele amerikanische Offiziere hörten sich seine Vorschläge an. Mit einigen war er befreundet. Ungut war diese Zeit aber hauptsächlich wegen der Entnazifizierungsverfahren. Alle ehemaligen Wassertrüdinger Nazis mussten Farbe bekennen. Es gelang nur einigen, sich vor einer harten Beurteilung zu retten. Für Fritz bedeutete das, dass er oft „Nein" sagen musste, wenn ehemalige Nationalsozialisten ihn um eine Gefälligkeit baten. Warum sollte er ihnen helfen und für sie lügen, obwohl einige von ihnen noch bis vor einem Jahr Elsa nach dem Leben getrachtet hatten. In diesen Verfahren ging es nicht um das Leben wie bei Elsa, und trotzdem sollte Fritz ihnen helfen. Er fand das Ganze widerlich. Freunde machte er sich dabei aber sicher nicht.

Die letzten gemeinsamen Jahre mit Fritz

Als Fritz im Januar 1946 zum Bürgermeister gewählt worden war, schlug er als seinen Stellvertreter August Fleischmann vor. Nach zweieinhalb Jahren wurde 1948 wieder gewählt und August Fleischmann wurde Nachfolger als Bürgermeister. Für das Ehepaar Richter brach eine schöne Zeit an, denn nun hatte Elsa Fritz fast für sich allein. Zum ersten Mal seit den zwanziger Jahren fühlte sie sich so richtig wohl. Sie hatte in diesen Jahren keine Verantwortung zu tragen. Als Fritz sein Amt abgab, war das auch für sie sehr wohltuend. Dazu kam im gleichen Jahr die Währungsreform. Alle Bürger bekamen ein kleines Startkapital von 50 Deutsche Mark. So ein Neubeginn war natürlich sehr spannend. Die großen Sparguthaben wurden plötzlich winzig klein, nur die Häuser und Gebäude waren noch etwas wert. Erstaunlich war für Elsa und Fritz und natürlich für alle Wassertrüdinger, wie schnell es wieder Lebensmittel in den Geschäften gab, die man vorher nur schwer bekommen konnte. Es gab Kaffee, Zucker, Mehl und bald auch Kleidung. Die wenigsten dachten an Luxusartikel, die Hungerszeit von 1946 waren damit endgültig vorbei. Es gab keine Lebensmittelkarten mehr. Nur die beiden Cousinen aus Breslau waren mit der Entwicklung nicht einverstanden. Sie hatten keine Ersparnisse mehr, und als Rentnerinnen konnten sie keine großen Ansprüche stellen.

Elsbeth verkündete mehrfach, dass sie wieder in eine Stadt ziehen wolle. So wurde Elsa die beiden Cousinen im August 1949 wieder los. Elsbeth hatte ihr beim Abschied erklärt, wer aus Breslau komme, der könne es in dem kleinen Wassertrüdingen nicht aushalten. Wahrscheinlich hatte sie an die Schaufenster und Cafés der Großstadt gedacht. Für die Richters war das Ganze natürlich sehr günstig, denn Fritz musste den beiden nicht kündigen. Bald fielen auch die Wohnraumzuteilungen weg, und sie waren allein im Haus. In

Fritz Richter (1950)

diesem Herbst war Fritz mehrere Male krank. Er hatte zweimal heftige Erkältungen und dann kam noch eine schwere Grippe mit hohem Fieber. Um die Weihnachtszeit 1949 zeigten sich als Folge dieser Grippe Herzprobleme. Fritz musste von da an starke Herztabletten nehmen. Er war nicht mehr der alte. Ihm fehlte der Schwung und bei schlechtem Wetter ging er nicht mehr aus dem Haus. Elsa machte sich große Sorgen um ihren Mann. Dass die Herzmittel nicht ungefährlich waren, zeigte sich im Januar, als Fritz mit dem Beil einige Holzspreisel für den Herd und den Wohnzimmerofen machte. Er ritzte sich an einem Holzstück. Die Wunde blutete heftig und der Arzt sagte, dass dies von den Herztabletten kommen würde. Da wusste Elsa, dass diese Herzmittel nicht ungefährlich waren.

Natürlich eignete sich das Haus nicht für kranke Menschen. Die Toilette befand sich im Erdgeschoss und das Schlafzimmer war im ersten Stock. Im Mai 1950 verschlechterte sich der Gesundheitszustand. Fritz hatte in diesem Monat seinen ersten Gehirnschlag. Schrecklich! Elsa konnte ihm nicht helfen, und obwohl sie Angst um ihn hatte, versuchte sie ihrem Mann Mut zu machen. Er durchschaute sie, nahm aber ihre Zuwendung dankbar an, damit sie zufriedener war. Nach dem zweiten Gehirnschlag war Fritz ohne Bewusstsein. Mit ihrer Schwägerin musste sie ihn ins Bett legen. Tag und Nacht versuchte sie bei ihm zu sein und ihn rund um die Uhr zu pflegen. Er aß und trank nichts mehr. Rückblickend war Elsa dankbar, weil sie ihn in den letzten drei Tagen auf seinem Sterbebett versorgen konnte. Elsa war sich sicher, dass er schon mitbekommen hatte, wenn sie oder seine Schwester ihm vorgesungen hatten.

Alleinsein

Seit dem Leichenschmaus im Jahr 1950 war Elsa ziemlich einsam. Eine Witwe tut sich schwer. Am Anfang wollte sie nur allein sein. Vorsichtig wich sie anderen Menschen aus, weil es immer um Fritz, um die Beerdigung und um die Krankheiten ging. Später fiel es ihr weiter schwer, auf andere Leute zuzugehen, auch wenn es gute Freunde oder Nachbarn waren. Deshalb freute sie sich auch immer, wenn ihre Söhne sie besuchten. Es ging ihr gut, wenn sie ihre Stimmen hörte. Natürlich freute sie sich auch sehr über deren Briefe. So wusste sie immer, wie es ihnen ging und was sie taten.

1953 entschloss sich Elsa Christin zu werden. An manchen Tagen hatte sie deswegen ein ganz komisches Gefühl, so wie wenn sie jemanden verraten würde. Nach einigen Wochen war sie sich aber sicher, dass sie Christin werden wollte. Der Gedanke an die eigene Beerdigung und der Trost, den sie am Grab ihres lieben Fritz gespürt hatte, brachten sie dazu, zu Dekan Hugo Schnell zu gehen. Er war sehr verständig, und er wollte sie auf keinen Fall zu einem Übertritt drängen. Dekan Schnell gab ihr einige Stunden Glaubensunterricht. Vorher sollte sie sich ihren Schritt noch einmal gut überlegen. Die Unterrichtsstunden waren für Elsa kein Unterricht, sondern angenehme und zu Herzen gehende Gespräche. Im Sommer 1953 wurde sie dann in einem Sonntagsgottesdienst zur Christin getauft. Besonders die Psalmen hatten es ihr angetan, wie z.B. „Der Herr ist mein Hirte.“ Diese Bibelstelle waren ihr seit der Kindheit schon sehr vertraut. In Wassertrüdingen war sie nach dem Krieg die einzige Jüdin, es gab für sie keine jüdische Gemeinde mehr, nur die Erinnerung an die Gesänge in der Synagoge und zu Hause. Von da an ging sie gerne in die Gottesdienste in die Stadtkirche.

Das Haus an der Lentersheimer Straße kam ihr nun sehr groß vor. Deshalb zog sie in ein neu gebautes Haus in der Wassertrüdinger Brauhausstraße (Abb. S. 25), wo sie mehrmals

Ev. Stadtkirche und Dekanat

von ihrem Sohn Ernst besucht wurde. Ernst Richter war nach seiner Zeit als Presseoffizier bei der US-Army als Journalist in München tätig. Über diese Besuche freute sich Elsa Richter sehr,

Haus in der Brauhausstraße

hatte sie doch einige Jahre auf ihre beiden Söhne verzichten müssen. Ihre Witwenrente war gar nicht so wenig. Fritz bekam nach Kriegsende seinen früheren Pensionsanspruch teilweise wieder zugesprochen, so dass sie eine Beamtenwitwe war.

Obwohl ihr geliebter Fritz gestorben war, beklagte sie sich nicht. In den fünfziger Jahren traten nun ab und zu selbstbewusste Frauen auf, die selber arbeiteten oder sogar selber ein Geschäft leiten wollten. Für Elsa war das keine Vorstellung, sie war beinahe sechzig Jahre alt, als Fritz starb, doch an eine Arbeit bei fremden Leuten dachte sie nicht. Ihr ganzes Leben lang war sie Hausfrau und Mutter gewesen. Damit war sie zufrieden, doch die sogenannten Trümmerfrauen waren selbständiger geworden als die Frauen ihrer Generation. Nur im Stadtrat saßen keine Frauen. Elsas Tage verliefen nun immer nach dem gleichen Muster. Am Vormittag ging sie in die Stadt, um etwas einzukaufen. Am liebsten ging sie zur Lebensmittelhandlung Stiegler (Abb. S. 26/27), denn die Ladenbesitzerin war zu ihr immer sehr nett. Frau Stiegler nahm sich auch immer Zeit für ein Gespräch.

Hafenmarkt; oben links Lebensmittelhandlung Stiegler;

Doch ihre Herkunft schien für manche weiter ein Problem zu sein. Die Juden waren für einige immer noch verachtenswerte Menschen, mit ihnen wollte man nichts zu tun haben. Einige unbelehrbare Nazis gaben den Juden die Schuld am Untergang Deutschlands gegen Ende des Zweiten Weltkriegs. Aus ihrer ehemaligen Schulklasse waren einige Mädchen aber ihr gegenüber immer sehr kameradschaftlich und hilfsbereit. Für Elsa waren die Frauen von ehemaligen Nazis kein Problem, sie wollte ja mit allen im Ort gut auskommen. Doch die Zurückhaltung und manchmal auch Verachtung von einigen Mitmenschen gehörten weiter zu ihrem Alltag. Oft fragte sie sich: „Was habe ich ihnen denn getan? Sie haben mich doch verfolgt, nicht ich sie!" Im Stadtrat saßen bald wieder Männer, die früher bei den Nazis auch vorne mit dabei waren. Elsa wollte keinen Streit, sie wollte ihre Ruhe. Von anderen Mitmenschen wurde sie aber auch sehr freundlich angesprochen, besonders von Menschen, denen ihr Fritz irgendwie geholfen hatte. Einmal in der Woche besuchte Elsa ihre Schwägerin Frieda und ihren Mann Georg. Ihr war sie sehr dankbar, denn sie hatte für Elsa ihr Leben riskiert. Deshalb war es schön, dass sie sich weiter so richtig gut verstanden. Während ihrer Nürnberger Zeit war der Kontakt sehr begrenzt, doch dann wurden sie beste Freundinnen.

Einmal hatte Elsa ein Problem mit der Lichtleitung und mit einem Schalter im Wohnzimmer. Das muss ungefähr 1958 gewesen sein. Ein Elektromonteur kam und reparierte den Schaden. Er hieß Karl Kaaden. Als er ging erzählte er Elsa, dass seine Familie nach ihrer Ankunft am Bahnhof in Wassertrüdingen von Fritz in eine Wohnung in der Kapellgasse eingewiesen worden war. Einige Monate später bekam der Vater eine Arbeit in Wassertrüdingen und dann konnte die Stadtverwaltung der Familie eine eigene Wohnung zuweisen. Da sein Meister die Rechnung ausstellte, sagte er ihr: „Frau Richter, ich muss meine Arbeitszeit dem Chef melden, aber wenn sie einmal eine kräftige Hilfe brauchen, z. B. beim Umziehen, dann brauchen sie mich nur zu holen. Ich komme gerne und helfe ihnen!" Sie tranken noch Kaffee miteinander, und dann verlor Elsa den jungen Mann aus den Augen.

Einige Jahre später zog Elsa von der Brauhausstraße in die Markgrafenstraße 4 um. Sie erinnerte sich an den kräftigen Mann. Als er hörte, dass sie seine Hilfe brauchen konnte,

Markgrafenstraße 4 heute

schrieb er ihr einen Zettel, den sie im Briefkasten fand. Er teilte ihr mit, dass er mit zwei kräftigen Freunden am folgenden Samstag kommen werde. Beim Umzug musste Elsa fast nichts selbst machen, die jungen Leute packten fest an. Sogar das Porzellan und die Vasen wickelten sie in altes Zeitungspapier und verstauten es in Schachteln. Sie bestanden sogar darauf, Elsa in ihrem klapprigen Lastauto mitzunehmen, das hatten sie sich beim Chef des Elektrogeschäfts ausgeliehen.

Die größte Schwierigkeit an diesem Tag war für Elsa Richter, in den kleinen Lastwagen hochzusteigen und wieder herauszuklettern. Da ihre Küche an diesem Tag ausfiel, bekamen die drei Helfer und Elsa bei Schwägerin Frieda ein kräftiges Mittagessen. Geld wollten die Männer nicht annehmen, deshalb schenkte sie für die Kinder von Karl Spielsachen ihrer Söhne. Die drei Kleinen freuten sich riesig. Als Elsa abends im Bett lag, konnte sie sich in aller Ruhe über diese Hilfe freuen. Schön war es für Elsa, wenn sie mit Menschen zu tun hatte. Deshalb fühlte sie sich nicht so allein.

Bahnhof Wassertrüdingen

In den sechziger Jahren war sie drei- oder viermal krank. Als Alleinstehende brauchte sie jemand, der sich um sie kümmerte. Zwei Nachbarinnen schauten jeden Tag nach ihr, und Frieda brachte ihr jeden Mittag und Abend zu essen. Nie hatte sie das Gefühl, alleingelassen zu werden. Während der Sommerzeit saß sie oft mit den Nachbarn in der Abendsonne vor dem Miethaus und unterhielt sich mit ihnen, wie man das früher auch gemacht hatte. Anfang der sechziger Jahre machte Ernst ihr den Vorschlag, einen Fernseher anzuschaffen. Zuerst war Elsa dagegen, sie hatte sich an die ruhigen Abende mit Radio-Musik gewöhnt und wollte sich nichts anderes vorstellen. Doch als sie dann den Schwarzweiß-Fernseher bekommen hatte, war sie bald darauf eine begeisterte Zuschauerin. Für sie war es zum ersten Mal in ihrem Leben möglich, andere Länder und Völker kennenzulernen. Auch manche Musik- und Unterhaltungssendungen gefielen ihr sehr gut. Dieser Flimmerkasten war für sie noch zur rechten Zeit gekommen, sie begann mit großem Interesse bestimmte Sendungen auszusuchen. So hatte sie oft das Gefühl, dass die Zeit im Alter immer schneller voranging.

Beinahe zwanzig Jahre war sie schon allein. Sie hatte sich daran gewöhnt, alles selbst zu machen. Die kleine Mietwohnung in der Markgrafenstraße passte gut für sie. Elsa war nicht allein im Haus, und sie hatte keinen Garten zu versorgen. Doch das Schönste war, dass sie ab und zu auf der Treppe, an der Haustüre oder auf der Straße Leute traf. Am meisten freute sie sich, wenn sie Kindern begegnete. Im gleichen Stockwerk gegenüber wohnte eine junge Familie mit drei Kindern. Die kleine Ruth und ihre Brüder hüpften oft durch das Haus. Die Mutter hatte Elsa auch schon einige Male besucht. Der Kontakt mit dieser Familie brachte es mit sich, dass sie sich nicht mehr ganz einsam fühlte. Das Mädchen erinnerte sie immer an ihre eigene Kindheit. Jedes Mal wenn die Mutter mit zwei oder drei Kindern einen Besuch bei ihr machte, ging es Elsa besonders gut. Die Kinder waren sehr lieb, und sie erzählten viel. Wenn sie am Morgen zur Schule aus dem Haus gingen, hörte sie, wie sich die Kinder mit hellen Stimmen laut unterhielten. Wegen des Mädchens ging Elsa in dieser Zeit öfter am Kindergarten oder an der Schule vorbei, und schaute zu, wie sie und die vielen anderen Kinder fröhlich im Garten oder Hof herumtollten. Die kleine Ruth kam einige Male auch allein zu ihr. Gemeinsam schauten sie dann Fotoalben an. Dabei überkam Elsa oft eine tiefe Zufriedenheit, denn die Erinnerung an ihre eigene Kindheit war ihr sehr angenehm.

Viehmarkt in Wassertrüdingen

Ihre Kindheit in der Mühltorstrasse

Elsa wuchs in einem kleinen Haus in der Wassertrüdinger Altstadt auf. Ihr Vater war Viehhändler. Da die Familie jüdisch war, handelte der Vater mit Kühen, Ochsen, Kälbern, Lämmern und ab und zu mit Ziegen, aber nicht mit Schweinen. Im Haus gab es keinen Luxus, alles war einfach. Die Wasserleitung wurde erst ins Haus gelegt, als Elsa einundzwanzig war. Gebadet wurde in einem Trog, den man in den Stall stellte. Schön war, dass im Sommer das Badewasser angenehm warm war, wenn es mit einem Kübel heißen Wassers gemischt wurde. Im Winter reichten zwei Eimer heißes Wasser nicht aus, um halbwegs lauwarmes Badewasser zu haben. Natürlich kann man die Zeit von 1900 nicht mit heute vergleichen. Doch wie alle Kinder war Elsa gerne bei Tieren. Manchmal blieben die Tiere ein oder zwei Tage bei ihnen. Als kleines Mädchen durfte sie nicht allein in den Stall, weil es zu gefährlich war. Gerne erinnerte sich Elsa an zwei kleine Kälbchen, die ihr Vater bei einem Bauern gekauft hatte. Also bettelte sie das Hausmädchen Luise, mit ihr in den Stall zu gehen. Vater versuchte die Tiere am selben Tag zu verkaufen, was aber nicht immer möglich war. Liebend gerne streichelte sie die kleinen Kälbchen und steckte ihnen Futter ins Maul. Schön waren auch die kleinen Lämmchen, sie stießen so putzige schwache Laute aus, es war herrlich. Freundinnen hatte Elsa nur wenig. Warum wusste sie nicht, doch das verstand sie dann später. Ihre Eltern ließen sie nicht gerne fort und jüdische Kinder in ihrem Alter gab es in der Nähe nicht.

Im Sommer ging sie oft mit Mutti und Luise in den Krautgarten, wo die Familie Gemüse und Kartoffeln anbaute. Im Krautgarten war es meist sehr unterhaltsam, denn die anderen Mütter brachten auch ihre kleinen Kinder mit. So hatte sie dort immer genügend Freundinnen zum Spielen. Zusammen fingen sie Eidechsen, Schnecken, Schmetterlinge und andere kleine Tiere. Wenn die Kinder „Fangen“ spielten, gab es manchmal Ärger mit den Erwachsenen, denn es kam immer wieder vor, dass ein Kind über ein Beet lief. Im Herbst machten Kinder und Jugendliche dann Kartoffelfeuer, um die Kartoffelkräuter zu verbrennen. Dann legten sie Kartoffeln in die Glut. Die heißen Kartoffeln schmeckten allen gut.

In die Schule in der Kapellgasse ging Elsa gerne, das Lernen machte ihr Spaß. Besonders das Lesen und das Rechnen mochte sie, sie hatte immer gute Noten. Vor dem Rohrstock des Lehrers hatte Elsa keine Angst, denn sie machte alle ihre Arbeiten pflichtgemäß und sauber. Natürlich lernten damals noch alle die alte deutsche Schrift, die heute kaum noch jemand lesen kann. Elsa schrieb immer in dieser alten, eckigen Schrift, wenn sie ihren Söhnen schrieb, denn die beiden konnten ja noch selbst diese Buchstaben schreiben und natürlich auch lesen. In der ersten Klasse war mit Elsa nur noch ein weiteres Judenkind. Während des Religionsunterrichts mussten beide auf der Treppe warten. Das war immer sehr lustig, denn da spielten sie Hüpfen oder Fangen. Doch manchmal hatte Elsa auch das Gefühl, nicht ganz zu den anderen zu gehören. Einige Male gab es auch Probleme mit anderen Kindern, weil sie Elsa wegen ihres Glaubens ärgerten, doch ging sie trotzdem ganz gerne in die Schule. Die Neckereien untereinander waren damals wie heute unter Kindern üblich. Die jüdischen Kinder mussten am Sonntag in die Judenschule. Sie fand im Vorraum der Synagoge statt, wo der Judenlehrer Herr Sommer aus Wittelshofen unterrichtete. Die jüdischen Buben und Mädchen lernten bei ihm sehr viele biblische Texte auswendig aufsagen. Meistens kamen zwölf und mehr Kinder in die Judenschule, doch waren sie im Alter sehr verschieden. Der Lehrer war ein freundlicher Mann, vor dem alle Respekt hatten. Er lud die

Abb. S. 38/39: Kapellgasse mit altem Schulhaus
Abb. S. 40/41: Synagoge in der Kapellgasse; Aquarell

Elf- und Zwölfjährigen während der Sonntagsschule zweimal nach Wittelshofen in die Synagoge und zum Laubhüttenfest ein. Es waren schöne Wanderungen entlang der Wörnitz. Der Gemeindevorsteher, Herr Kohn, ging mit als Aufsicht. Es waren immer vier oder fünf Kinder und alle hatten dabei viel Spaß. Zuerst besuchten sie die Synagoge Wittelshofen, die sehr schön geschmückt war. Dann gingen sie zu Herrn Sommer in den Garten, wo er für eine Woche eine Laubhütte aufgebaut hatte. Natürlich durften die Mädchen nicht dort übernachten, wie es einige Buben konnten. Aber es gab kleine Stückchen vom ungesäuerten Brot und Milch. Die Kinder saßen unter einem ganz einfachen Holzgestell, dessen schräge Dächer mit Ästen und Laub abgedeckt waren. Herr Sommer erzählte dann in diesem romantischen Hüttchen, das an einer Seite ganz offen war, die Geschichte vom Auszug der Juden aus Ägypten. Elsa blieben diese zwei Besuche in Wittelshofen ganz gut in Erinnerung. Auf dem Heimweg nach Wassertrüdingen wurde immer viel gelacht und erzählt.

Leider waren Bücher damals sehr teuer, doch ab und zu bekam Elsa ein neues Buch oder eines geliehen. Am Freitag schaute sie gerne in die Synagoge, wenn dort geputzt wurde. Frauen hatten im Gottesdienst ihren Platz auf der Empore, doch wenn geputzt wurde, schlich sie sich gerne in das Haus, weil es so schön war. Alle Thorarollen befanden sich in einem schön geschnitzten Schrank. Die Altarseite war sehr hübsch bemalt mit Ornamenten und goldenen Sternen. Wenn die Kinder dann laut wurden, wurden sie von den Frauen aus der Synagoge vertrieben.

Da die Lehmeiers in der Nähe der Synagoge wohnten, putzte die Mutter ab der Jahrhundertwende auch jede Woche die Synagoge. Da war es dann vorbei mit dem Spielen im Gotteshaus, denn Elsa musste ihrer Mutter beim Putzen helfen. Zuerst war das Abstauben ihre Arbeit, doch als sie zehn Jahre alt

war, musste sie den Fußboden putzen. Ihre Eltern fühlten sich in Wassertrüdingen wohl, deshalb hatte sie eine schöne Kindheit. Nicht weit von ihrem Haus entfernt war über die Mühltorstraße ein Draht gespannt. Die Wassertrüdinger nannten ihn Sabbat-Draht. Wenn Sabbat war, durften die Juden nicht weiter als bis zu diesem Draht gehen. Einem frommen Juden war es am Sabbath nicht erlaubt, auf die Wiesen und Felder oder hinaus in den Wald zu gehen, er hätte ja vor den Stadttoren Holz sammeln können oder Ähnliches tun. Arbeit jeglicher Art war einem frommen Juden am Sabbat streng verboten. Links am hinteren Ende der Synagoge ging es in die Mikwe, also in das jüdische Bad. Die Wassertrüdinger sagten „Duck“ dazu. Dieses Bad im Keller hatte fließendes Wasser. Dort mussten sich die jüdischen Frauen zu bestimmten Zeiten waschen. Die Mutter hielt sich noch an diese alten Vorschriften, doch Elsa ging als junge Frau nicht mehr in dieses Bad.

Bar Mizwa und Hausmädchen bei Nehms

Am Sabbat nach ihrem zwölften Geburtstag feierte sie Bar Mizwa. An diesem Tag durfte Elsa in der Synagoge aus einer Thorarolle vorlesen. Für die ganze Familie und einige Verwandte gab es dann abends ein festliches Essen. Noch lange erinnerte sich Elsa, dass es Lammbraten und Bohnen gab. Mit der Bar Mizwa war ihre Kindheit endgültig vorbei, doch schon vorher musste sie daheim mithelfen. Heute können sich Kinder nicht vorstellen, was das bedeutete. Wasser schleppen war eine ganz wichtige Sache, denn Wasserleitungen gab es in Wassertrüdingen in den Häusern erst ab dem Beginn des Ersten Weltkriegs. Für Elsa war es ein Glücksfall, dass der nächste öffentliche Brunnen nur 40 Meter entfernt an der Stadtapotheke (Abb. S. 40/41) lag. Wasserholen war eine schwere Arbeit, doch sie machte es sehr gern. Da alle ihr Wasser an den drei öffentlichen Brunnen holten, traf man immer Kinder und Mägde, die Wasser holten. Da gab es dann viel zu reden. Oftmals beschwerten sich die Anwohner, dass es damals bei den Brunnen so laut zuging. Die Familie Lehmeier selbst brauchte nicht viel Wasser, doch die Tiere hatten sehr viel Durst. So musste Elsa mehr Wasser holen, als die Tochter vom benachbarten „Rottlers Bäck".

Vaters Viehhandel lief nicht schlecht. Er hatte sein „Gäu", wie er sagte, Richtung Geilsheim und Obermögersheim. Dort kannte er jeden Bauern. Wenn einer in diesen Dörfern Vieh zum Verkauf hatte, so kam jemand aus dem Dorf bei den Lehmeiers vorbei, und Vater ging oder fuhr zu dem Bauern hin. Erst viel später begriff Elsa, warum es fast nur jüdische Viehhändler in Wassertrüdingen gegeben hatte. Juden durften seit alter Zeit keinen Handwerksberuf ausüben, so mussten sie vom Handel leben. Als Elsa mit dreizehn aus der Schule kam, hatte sie ziemlich gute Noten und bat ihre Eltern um Erlaubnis, in eine Hauswirtschaftsschule zu gehen. Doch sie lehnten ab. Diese Schulen waren auswärts, und sie waren meist sehr christlich

Stadtbrunnen n der Dinkelsbühler Straße

geprägt. Doch sie wollte unbedingt Kochen und Handarbeit lernen und kam deshalb zu den Nehms als Hauhaltshilfe. So blieb sie in Wassertrüdingen und lernte bei Frau Nehm, wie man einen größeren Haushalt führt. Ihre Hausfrau behandelte sie gut. Die Nehms hatten ein großes Haus an der Ecke von Hafenmarkt und Sauergasse (Abb. S. 42/43 und 44) mit sehr vielen Zimmern. Amalie Nehm war die Schwester des Hausherrn.

Sie hatte nichts zu tun, sie war eine Privatiere, wie man damals sagte. Aber Elsa erinnerte sich auch, dass diese Amalie Nehm etwas behindert war und dass sie deshalb bei ihrem Bruder im Haus geblieben war. Der junge Salomon Nehm sah Elsa gern, doch war sie erst dreizehn Jahre alt, er war fast zwanzig Jahre älter. Wie alle Mädchen damals schaute sich Elsa nicht ernsthaft nach einem Zukünftigen um, denn sie wusste, dass ihr Vater einen Mann aussuchen würde. Dass es einmal anders kommen würde, ahnte sie damals noch nicht.

Hafenmarkt mit Turm der Stadtkirche

Für Elsa war es interessant, wie sich der junge Nehm verhielt. Er führte zusammen mit seinem Vater den Viehhandel, ging aber abends öfter aus dem Haus. Sie schlief weiter im Elternhaus, deshalb wusste sie nicht genau, wie und wann er

Die Sauergasse (oben); rechte Seite: Haus Winter, heute Viehhändler in der Bahnhofstraße

immer heimkam, doch andere Mädchen erzählten ihr, dass er eine Freundin hatte, nämlich die Tochter eines anderen jüdischen Viehhändlers in der Bahnhofstraße. Als junges Mädchen träumte Elsa natürlich auch von der Ehe, aber sie hatte ja noch einige Jahre Zeit. Der Haushalt bei Nehms war sehr vornehm. Das Esszimmer und der obere Flur waren mit Holz getäfelt, und das Geschirr hatte einen Goldrand. Frau Nehm wusste einige koschere Rezepte, die sie noch nicht kannte und die ihr gut gefielen. Für die Tiere und das Haus hatte Herr Nehm noch einen Knecht. Dieser fuhr mit dem Pferdewagen seinen Hausherrn zu den Bauern und zu den Metzgern. In den Stall musste Elsa also nur sehr selten.

Am Freitag Abend wurde besonders gut gekocht. Da versammelte sich wie bei ihr daheim die Familie zum Abendessen am Vorabend des Sabbat. Herr Nehm sang dann Thoraverse vor und betete einige Verse. Auch in diesem Haushalt musste man das Wasser aus einem städtischen Brunnen holen. Elsa hatte Glück, der Brunnen stand nur drei Häuser weiter am Hafenmarkt. Am Brunnen gehörte sie nun zu den Älteren, doch junge Männer suchte man dort vergebens, denn diese waren schon alle Lehrlinge. Wie bei Elsa daheim wurde auch bei Nehms jede Woche einmal Brot gemacht, das sie in gelben geflochtenen Körben zum Bäcker schräg gegenüber tragen musste, der es in den Backofen schob.

Zum Haus der Familie Nehm gehörte auch ein Krautgartenbeet. Wie üblich baute die Familie Kartoffeln, Rüben, Weißkraut und Rosenkohl an. Dazu kamen noch Karotten und Salat, die sie daheim im Garten nicht hatte. Der Hauptunterschied zu den Lehmeiers war, dass nun nicht mehr ihre Mutter den Garten besorgte, sondern dass sie bald

Krautgärten vor der Stadt

alleine verantwortlich war. Als Frau Nehm bemerkte, dass Elsa Ahnung von der Gartenarbeit hatte, ging sie nur noch ganz selten mit zu den Krautgärten vor der Stadt. Vorräte für den Winter legte man im Herbst an. Da wurde Kraut gehobelt und ins Sauerkrautfass gestampft. Außerdem brachten die Bauern im Herbst immer 150 Eier, die sie dann in einem großen Fass „einlegen" musste. Die Arbeiten im Krautgarten gefielen ihr. Man ging hinaus, wenn das Wetter gut war. Dann waren viele andere Hausmädchen und Frauen da, mit denen man sich unterhalten konnte. Im Hochsommer war es abends besonders schön, denn zum Gießen waren dann junge Leute draußen. Auch einige junge Burschen schauten vorbei, um zu sehen, welche Mädchen da waren. Frau Nehm wollte, dass Elsa bei der Arbeit im Krautgarten einen Hut aufsetzen sollte, denn sonst würde man in der Sonne zu stark braun werden. Sie schärfte ihr mehrmals ein: „Weiß ist fein, braun kann jede Stallmagd sein!" Elsa war das eigentlich gleich, ob ihre Haut mehr braun oder mehr hell war, doch sie setzte meist ein Kopftuch auf, so waren ihre Mutter und Frau Nehm zufrieden.

Waschen, Wringen, Bleichen und Bügeln waren Arbeiten, die ihr anfangs sehr viel Freude bereiteten. Gewaschen wurde bei den Nehms im Hof. Dazu musste Wasser geholt werden. Die Mägde rieben die Wäsche mit Kernseife ein und wuschen sie anschließend wieder im Wasser aus. Dieser Vorgang wurde manchmal mehrmals gemacht, je nachdem wie schmutzig die Wäsche war. Dann hängte man die Wäsche zum Trocknen auf. Bettwäsche und weiße Hemden von Herrn Nehm trug man zur Bleiche, wo die Wäsche dann schön gebleicht wurde. - In der Schule hatte sie gelernt, dass Äpfel, Birnen und Zwetschgen sehr gesund seien. Deshalb baute die Stadt einen großen Obstgarten beim Schloss.

Die Nehms hatten dort auch fünf Apfelbäume, deren Äpfel im Herbst zu Most verarbeitet wurden. Diese Arbeit machte Herr Nehm mit dem Knecht.

Während der Winterzeit saßen in einigen Häusern die jungen Leute beim „Roggaliachd" zusammen. Sie sangen und unterhielten sich und hatten viel Spaß miteinander. Die jüdischen Mädchen trafen sich einmal in der Woche bei den Nehms. Das war praktisch für Elsa, doch war sie auch Frau Nehm gegenüber verantwortlich, dass alles geordnet ablief. Ihre Hausfrau stellte dazu jedes mal einen Krug mit Most und Wasser dazu. Manchmal stiftete sie auch einige „Kissen" Schmalzgebäck für jede von ihnen. Fast alle brachten an diesen Abenden ihr Strickzeug oder Flickarbeiten mit. Ein Spinnrad gab es nicht, Spinnen im eignen Haus kam damals aus der Mode. Es wurde viel erzählt, viel gelacht und auch viel gesungen. Natürlich erzählte man sich auch von den Liebschaften der Bekannten, und der Ortstratsch kam auch nicht zu kurz. Es waren schöne und unbeschwerte Treffen.

Die Zeit damals war aufregend, denn es gab viele Erfindungen, die man auch auf dem Land sehen konnte. Die Nehms hatten ab der Jahrhundertwende elektrisches Licht im Wohnzimmer und im Büro. Bei den Lehmeiers wurde der elektrische Strom erst einige Jahre später eingerichtet. Außerdem sprachen schon manche Leute von Spülklosetts, doch das dauerte noch über zehn Jahre bis die Wasserleitung in Wassertrüdingen am Anfang des Ersten Weltkriegs fertig wurde. Nicht alle

Haushalte bekamen schon ab 1915 Anschluss an die städtische Wasserleitung, weshalb die meisten noch auf die städtischen Brunnen angewiesen waren. Das erste Automobil besaß damals der Sanitätsrat. Wenn er durch die Straßen fuhr, liefen die Kinder zusammen und winkten ihm zu. Dieses Gefährt machte einem Angst, denn wenn man daneben stand, krachte und stampfte es sehr laut, außerdem stank das ganze Fahrzeug während der Fahrt. Heute kann man sich das gar nicht mehr vorstellen. Alle diese Neuerungen waren Thema beim „Roggaliachd". Sogar fliegende Maschinen gab es, doch Elsa hatte anfangs noch kein solches Fluggerät gesehen, denn immer wenn eines über Wassertrüdingen flog, war sie in der Küche oder anderswo bei der Arbeit. Vor dem Weltkrieg sah sie allerdings einen Zeppelin. Die Ankündigung von einem Luftschiff über Wassertrüdingen verbreitete sich wie ein Lauffeuer. Viele Menschen standen an diesem Tag auf der Straße und sahen, wie mit lautem Surren eine große helle Zigarre über Wassertrüdingen segelte. Die Jahre bei den Nehms waren für Elsa angenehm, denn sie wurde gut behandelt.

Während dieser Zeit merkte sie, dass Vater und Mutter sich überlegten, wen sie heirateten sollte. Natürlich dachten ihre Eltern an einen jüdischen Schwiegersohn. Vater kannte in Wittelshofen zwei Familien, die Kinder im gleichen Alter hatten. Als Elsa ungefähr siebzehn war, fuhren Familie Lehmeier an einem Sonntag nach Wittelshofen zur Familie Harburger. Am Sonntag gab es keine Geschäfte für Herrn Harburger und auch nicht für Elsas Vater, denn die Christen arbeiteten an diesem Tag nicht. Es war ein netter Nachmittag mit Kaffee und Kuchen, doch irgendwann im Laufe der Unterhaltung merkte sie, dass ihre Eltern mit diesem Besuch besondere Absichten verfolgten. Es saßen noch zwei der Kinder von den Harburgers mit am Tisch, Amos war drei oder vier Jahre älter als Elsa. Die Kinder beteiligten sich nicht an der Unterhaltung, weil dies damals nicht üblich war. Als Familie Lehmeier die Wörnitz entlang

Die Wörnitz bei der Stadtmühle (2010)

nach Wassertrüdingen zurückging, fragten Elsas Eltern, wie ihr Amos gefallen hatte. Sie antwortete ausweichend, weil sie ihn ja nicht genauer kennengelernt hatte. Außerdem war ihr bei dem Gedanken an eine Heirat etwas mulmig zumute. Mit siebzehn oder achtzehn in einen fremden Ort zu ziehen, das konnte sie sich nicht vorstellen. Doch es kam ganz anders.

In der Sauergasse

Wie Elsa Fritz kennenlernte.

Die Arbeit im Haushalt machte ihr weiter Freude, da Frau Nehm sehr freundlich zu ihr war. Manchmal kam sie Elsa vor wie eine zweite Mutter. Oft arbeitete sie allein in der Küche. Ihre Eltern waren auch mit ihr zufrieden, sie drängten Elsa nicht zur Heirat. Damals heirateten die meisten jüdischen Mädchen in Wassertrüdingen, bevor sie zwanzig Jahre alt waren. So träumte sie manchmal mit sechzehn oder siebzehn von einer Hochzeit, doch hatte sie noch keine Vorstellungen von ihrem Zukünftigen. Als es bei den Kohns eine Hochzeit gab, war Elsa natürlich in der Synagoge, um zu sehen wie der Gottesdienst ablief. Die Braut sah sehr glücklich aus, und sie erlebte eine heitere und zufriedene Hochzeitsgesellschaft. Natürlich schaute sich Elsa schon in Wittelshofen und auch einmal in Oettingen um, ob da der Richtige für sie wäre. Im Herbst 1909 arbeitete sie wieder einmal im Krautgarten. Sie erntete über zwanzig Krautsköpfe, so dass sie kaum auf den Leiterwagen passten. Obenauf legte sie Schaufel und Hacke. Dann zog sie vorsichtig den Wagen mit der Ernte in die Stadt.

In der Sauergasse fiel mit einem großen Krach die Schaufel vom Wagen. Erschrocken schaute Elsa zurück, doch bevor sie selbst die Schaufel aufheben konnte, hatte ein junger Mann diese in der Hand. Triumphierend zeigte er ihr das Gartengerät, lachte und meinte: „Braucht das hübsche Fräulein noch diese Schaufel, oder kann ich sie behalten?“ Mit Fräulein hatte sie noch nie jemand angeredet. Ihre Wangen röteten sich und sagen konnte sie auch nichts. Der große Mann hielt ihr die Schaufel hin, ließ sie aber nicht los. Elsa wollte sie nehmen, doch gleichzeitig hielten beide den Stiel in der Hand. Plötzlich musste sie lachen, die Sache war ja durchaus sehr komisch. Irgendwie kam Elsa der Mann bekannt vor. Er ließ die Schaufel wieder los, und sie legte diese wieder auf den Wagen. Der junge Mann aber verabschiedete sich nicht, sondern ging neben ihr

Die Sauergasse: älteste Fotografie von Wassertrüdingen (1885)

die Sauergasse hinunter. Interessiert fragte er sie nach ihrem Namen und sagte dann seinen. Fritz Richter meinte, dass er Elsa schon öfter gesehen hatte, denn er ging jeden Tag zur Arbeit ins Schloss. Dabei kam er jeden Tag mehrmals an ihrem Elternhaus vorbei. Als sie bei den Nehms ankamen, schlug Fritz vor, morgen Abend gemeinsam in den Krautgarten zum Gießen zu gehen. Sie machte ihm keine großen Hoffnungen, denn das meiste war schon abgeerntet. An diesem Abend schlief Elsa lange nicht ein. Fritz ging ihr nicht mehr aus dem Kopf.

Auch am folgenden Tag war sie nicht so richtig bei der Sache. Frau Nehm fragte sie, warum sie so müde sei. Natürlich konnte

Elsa es kaum erwarten, nach dem Abendessen zum Gießen zu gehen. Zuvor musste sie aber Frau Nehm noch überzeugen, dass dies nötig sei. Doch es klappte. Späte Rote Rüben und Rosenkohl standen noch im Beet, und Frau Nehm hatte keine andere Arbeit. So ging Elsa gleich nach dem Abendessen fröhlich die Sauergasse hoch. Schon auf dem Platz hinter der Kirche stand Fritz. Zusammen gingen sie weiter. Zuerst war sie sehr verlegen. Fritz fragte sie nach ihren Geschwistern, doch Elsa hatte keine. Er erwähnte, dass er zwei Schwestern habe, die auch in Wassertrüdingen wohnten. Noch lange wunderte sich Elsa, wie Fritz es schaffte, dass sie den Mund aufmachte und dass sie sich sehr gut unterhielten. Wie sie gegossen hatten, wusste sie später nicht mehr, doch dass sie längere Zeit vor der Stadt draußen standen, daran erinnerte sie sich bis ins hohe Alter. Etwas später als sonst kam Elsa zurück. An diesem Abend ging Elsa glücklich zu Bett, doch konnte sie vor Aufregung auch an diesem Abend lange nicht einschlafen. Fritz war ein gut aussehender junger Mann, und ihr war klar, der oder keiner. Doch wie sollte es mit ihnen beiden weiter gehen. Fritz war Christ und sie war Jüdin. Ihre Eltern konnten sich einen Christen als Schwiegersohn nicht vorstellen. Eigentlich war es in Wassertrüdingen nicht möglich, dass ein Christ und eine Jüdin heiraten konnten. Einzig und allein der Berufswunsch von Fritz würde ihrem Vater gefallen. Fritz machte eine Ausbildung am Rentamt im Schloss, heute würde man sagen, er lernte den Beruf eines Finanzbeamten.

Nach einer Nacht mit wenig Schlaf putzte Elsa bei Nehms alle Räume im Erdgeschoss. Ihre Chefin fragte sie nicht, warum sie so bleich aussah. Die ganze Zeit überlegte sie sich, wie sie abends für eine Viertelstunde kurz vor dem Abendläuten aus dem Haus könnte. Ihr fiel nichts ein, so angestrengt sie es sich auch überlegte. Ihre Hausfrau wollte sie nicht anlügen. So war klar, sie musste ihr alles erzählen. Nach dem Mittagessen ergab sich eine Gelegenheit. Elsa fragte Frau Nehm, ob es schon

Auf dem Marktplatz

einmal eine Heirat zwischen einem Christen und einer Jüdin in Wassertrüdingen gegeben hatte. Sie meinte nur, dass sie das noch nie gehört hätte. „Und warum möchtest du das wissen?“

war ihre Gegenfrage. Etwas verlegen erzählte Elsa ihr von den zwei Treffen mit Fritz. Nun hatte Sie eine Mitwisserin und ihr war viel wohler. An den folgenden Tagen traf sie Fritz öfter, denn Frau Nehm gab ihr immer kurz frei. Fritz war jedes Mal sehr nett. Ab und zu lachten sie beide während der Gespräche. Obwohl Elsa sonst sehr ruhig war, mit Fritz zusammen fiel ihr immer etwas ein, worüber sie reden konnten. Die Frage, ob ein Christ eine Jüdin heiraten durfte oder nicht, besprachen sie öfter. Wahrscheinlich sprachen sie wegen ihrer verschiedenen Religionszugehörigkeiten früher über die Ehe, als andere jungen Paare. Fritz war der Meinung, dass das nur sie beide etwas anginge, doch Elsa meinte, dass die Eltern auch zustimmen sollten. Vor ihren Eltern hatte sie nun ein Geheimnis, ihr war gar nicht wohl dabei. Außerdem hatte sie Angst davor, ihren Eltern zu sagen, dass sie einen Christen heiraten wollte. Von Heirat redeten sie am Anfang nicht oft, doch schnell merkte sie, dass Fritz nicht nur in sie verknallt war, sondern dass er durchaus ernste Absichten hatte. So verging der Herbst des Jahres 1909.

Abb. S. 58/59: Marktplatz

Ihre Eltern wurden eingeweiht.

Da es kälter wurde, überlegte sich Elsa, wie sie Fritz im Elternhaus bekannt machen könnte. Zuerst musste sie ihren Eltern von Fritz erzählen. An einem Sabbat Nachmittag fragte sie ihre Eltern, ob Vater schon von einer Ehe zwischen Juden und Christen gehört hätte. Natürlich kam auch in diesem Gespräch sofort die Gegenfrage, warum sie das interessieren würde. Elsa erzählte ihrer Mutter und ihrem Vater, dass sie einen Freund namens Fritz hätte. Beide Eltern wussten, wer er war. Vater versuchte ihr nun zu erklären, wie schwer es wäre, wenn ein Christ eine Jüdin heiraten wolle. Ihre Mutter hatte die große Sorge, was die anderen Juden in der Stadt und was die Nachbarn sich denken würden. Der vorgesehene Ehemann aus Wittelshofen wurde erwähnt und ihre Eltern übten etwas Druck aus. Ein Kind muss den Eltern gehorchen, forderte der Vater, doch sehr schnell merkten ihre Eltern, dass diese religiöse Vorschrift Elsa überhaupt nicht überzeugte. Im Gegenteil, es war das erste Mal, dass sie völlig anderer Meinung als ihre Eltern war. Fritz machte mit ihr oft Spaziergänge, weil er auch davon überzeugt war, dass ihr Verhältnis die Eltern Lehmeier überforderte.

Im Dezember stellte Fritz seinen Eltern Elsa vor. Beide sahen sich nicht mehr jeden Tag, doch konnten sie sich bei seinen Eltern treffen. Mutter Richter sah die zukünftige Schwiegertochter gerne, doch auch sie war gegen eine Hochzeit der beiden. Elsa merkte, dass sie genau wie ihre Mutter dachte. Vater Richter dagegen war sehr freundlich zu ihr. Wie sein Sohn war er sehr selbständig mit seiner Meinung, er dachte etwas anders als viele in der Stadt. Elsa war bald überzeugt, dass er außer ihnen selbst der einzige war, der eine Ehe der beiden begrüßte. Das Verhältnis der beiden wurde enger und die vielen Vorbehalte der anderen Menschen banden sie nur noch fester aneinander.

Natürlich merkte auch Frau Nehm, dass Elsa einen Freund hatte. Als Dienstmädchen hatte sie damals nur sehr wenig Freizeit, doch irgendwie hatte sie das Gefühl, dass Frau Nehm schon öfter daran gedacht hatte, dass sie eines Tages heiraten und weggehen würde. Als sie dann erfuhr, dass Fritz Richter Christ war, sprach Frau Nehm Elsa darauf an. Wie ihre Eltern wollte sie ihr den Freund ausreden, weil es eben nicht geht, dass eine Jüdin einen Christen heiratet. Trotzdem durfte sie abends öfter für eine bis eineinhalb Stunden aus dem Haus, um sich mit Fritz in seinem Elternhaus zu treffen. Einige Male waren sie allein zu Hause. Sie kamen sich immer näher. So war es nur natürlich, dass sie auch zusammen ins Bett gingen, als sie allein im Haus der Richters waren. Bei ihren Arbeiten im Haus der Nehms war sie nun immer öfter nicht ganz bei der Sache. Als ihr dann eines Morgens während der Arbeit so richtig schlecht wurde, wusste ihre Hausfrau sofort, was los war. Elsa war sehr beunruhigt, weil sie vermutete, dass sie schwanger war. Sehr, sehr ängstlich vertraute sie sich Fritz an. Er war überhaupt nicht ärgerlich, sondern freute sich. Sehr ernst meinte er, dass sie möglichst schnell heiraten sollten. Es war im Spätherbst 1910. Fritz hatte gerade drei Monate vorher seine Anstellungsprüfung als Rentamtsgehilfe gemacht und war nun auf dem Rentamt im Schloss angestellt.

Fritz war für Elsa eine richtige Stütze, denn er machte ihr nicht Angst, sondern schmiedete mit ihr Pläne für die Zukunft. Obwohl sie sehr besorgt war, wegen des Geredes im Ort und wegen ihrer Eltern, wurde sie immer ruhiger, denn Fritz strahlte eine große Ruhe aus und ihr Vertrauen zu ihm wurde immer größer. Zuerst ging er mit ihr zu Elsas Eltern. Das Gespräch verlief sehr einseitig. Ihr Vater sprach sehr viel von den Problemen, die auf das junge Paar warteten und ihre Mutter weinte nur ein einziges Mal. Doch danach war sie sicher, dass die ruhige Art von Fritz Eindruck auf ihre Eltern gemacht hatte. Die Eltern Richter waren auch nicht gerade begeistert, doch sie unterstützten die beiden in den nächsten Monaten sehr. Fritz beantragte eine Versetzung nach Nürnberg, denn ihnen war klar, dass es in einer Kleinstadt wie Wassertrüdingen für die Ehe zwischen einer Jüdin und einem Christen überhaupt kein Verständnis gab.

Unterer Marktplatz; Stadtapotheke und links im Hintergrund das Schloss

Blick durchs Tor auf den oberen Marktplatz mit Rathaus

Heirat und Umzug nach Nürnberg

Bei der Frage nach einer christlichen oder jüdischen Eheschließung waren Elsa und Fritz sehr unschlüssig, doch der Rabbi und der evangelische Pfarrer nahmen ihnen die Entscheidung aus der Hand. Beide lehnten eine Trauung in der Synagoge bzw. in der Stadtkirche ab. So gingen sie ins Rathaus und bestellten die behördliche Trauung für Ende Oktober 1910. Natürlich war man dort erstaunt, dass eine Jüdin und ein Christ heiraten wollten, doch die Stadtverwaltung machte keine Schwierigkeiten. Innerhalb von sechs Wochen heirateten sie standesamtlich. Nach der Trauung musste Elsa ihre Stelle bei den Nehms kündigen. Herr und Frau Nehm wünschten ihnen alles Gute. Zum Abschied schenkten sie Elsa zwei teure Garnituren Bettwäsche. Zum 1. Dezember 1910 wurde Fritz dann nach Nürnberg ans dortige Rentamt versetzt. In Nürnberg hatte Fritz über einen Kollegen eine kleine, sehr schöne Wohnung in der Nähe des Opernhauses nicht weit weg vom Bahnhof gefunden. Der Umzug nach Nürnberg war gar nicht so einfach, obwohl ihr Hausstand noch nicht sehr groß war. Ein Pferdefuhrwerk fuhr ihre Habseligkeiten nach Nürnberg in die Angerstraße 6.

Für Elsa und Fritz bedeutete der Umzug eine große Umstellung. Fritz bekam ein nicht zu hohes Gehalt, doch für ihre Bedürfnisse reichte das Geld leicht. Für Elsa bedeutete die Heirat, dass sie nur noch daheim in der neuen Wohnung war. Ihr fehlte die Familie Nehm und die bekannten Nachbarn und die Eltern. Für ihr Kind begann sie zu stricken: kleine Schuhe, Strampelhosen und für später Strümpfe. Fritz neckte Elsa ab und zu, weil sie nicht wussten, ob es ein Bub oder ein Mädchen werden würde. Die große Stadt war für die junge Frau vom Land am Anfang sehr aufregend. Viele Menschen auf engem Raum, die Schreie der Arbeiter und der Lärm der Lokomotiven auf den nahen Gleisen waren für sie sehr ungewohnt. Selbst nachts hörten sie die Güterzüge fahren. Die Lokomotiven pfiffen ab und zu, so dass Elsa anfangs immer richtig erschrak. Außerdem stießen sie furchtbar dreckige Rauchschwaden in die Luft. Der Ruß war bei ihnen in der ganzen Wohnung, weil die Fenster nicht richtig schlossen.

Das junge Paar erlebte eine schöne Zeit, doch zwei Wochen vor dem Geburtstermin fuhr Elsa mit dem Zug nach Wassertrüdingen zu ihren Eltern in die Mühltorstraße. Eine Woche später setzten bei ihr die Wehen ein. Die Hebamme wurde geholt und nach einigen Stunden mit großen Schmerzen kam ein gesunder Bub auf die Welt. Fritz nahm zwei Tage Urlaub. Alle freuten sich mit ihnen über den gesunden Knaben, der den Namen Ernst bekam. Ihre Mutter umsorgte sie, und als Elsa drei Wochen später nach Nürnberg zurückfuhr, kam die Mutter Lehmeier noch für vier Wochen mit. Das war für die junge Mutter eine große Hilfe, da sie ja noch nicht so ganz genau wusste, wie man mit einem Säugling umgeht, und was es alles zu bedenken gab. Elsa war glücklich, auch wenn sie viel zu tun hatte mit dem kleinen Ernst, der ein sehr aufgeweckter Junge war! Natürlich rührte sich Ernst in den ersten Monaten auch nachts. Doch mit seinem Lächeln begeisterte er alle, die ihn sahen. Mit dem Kinderwagen fuhr Elsa zum Einkaufen auf den Markt und jeden Tag zum Milchhändler. In ihrem Haus wohnten zwölf Mietparteien. Die Toilette war in den Zwischenstockwerken. Ab und zu gab es Probleme unter den Bewohnern, doch mit einigen Frauen kam Elsa gut aus. Es gab auch Kinder im Haus, so dass Ernst mit drei Jahren ab und zu im Hinterhof mit einigen gleichaltrigen Buben und Mädchen spielte.

Der Erste Weltkrieg

Im Spätsommer 1914 änderte sich ihr Leben dramatisch. Am 1. August 1914 wurde in Deutschland die Mobilmachung durch Kaiser Wilhelm II. angeordnet. Der junge Vater und Ehemann verabschiedete sich nur kurz von Elsa und seinem Sohn. Er nahm seinen Militärsack und musste mit dem Zug nach Ingolstadt einrücken, wo er als Gefreiter beim III. Armeekorps in der Schreibstube diente. Bald danach im Herbst 1914 bemerkte Elsa, dass sie wieder schwanger war. Diesmal war die Schwangerschaft schwieriger, weil sie ohne Fritz alles alleine erledigte. Im Winter musste sie die schweren Kohlen in die Wohnung schleppen. Anfang Juni 1915 fuhr sie mit Ernst nach Wassertrüdingen zu den Eltern. Ihre Mutter freute sich über die Mehrarbeit, denn der kleine Ernst hing sehr an ihr. Am 6. Juli 1915 kam Friedrich auf die Welt. Die Hebamme war rechtzeitig da und Elsa wusste von der ersten Geburt schon besser, was da auf sie zukam. Diesmal blieben Elsa und die Kinder noch acht Wochen bei ihren Eltern in der Mühltorstraße in Wassertrüdingen, da Fritz als Soldat im Krieg war. In Wassertrüdingen gab es mehr zu essen als in Nürnberg, denn Vater Lehmeier kannte vom Viehhandel her viele Bauern und Müller. Mitte September fuhr Elsa dann mit beiden Kindern wieder nach Nürnberg zurück. Ernst war nun fünf Jahre alt. Er konnte schon ab und zu kurz auf seinen Bruder aufpassen.

Da es sehr schwierig war, Essen zu erhalten, suchte sich die junge Mutter im Herbst 1916 eine Aushilfsarbeit, um Lebensmittel zu bekommen. Die Versorgung mit Lebensmitteln wurde immer schlechter, weil in der Landwirtschaft viele junge Männer fehlten. Auch die Handwerker hatten weniger Mitarbeiter. Elsa hatte Glück. Dreimal in der Woche ging sie morgens um vier Uhr in eine nahe Bäckerei und half dort bis sieben Uhr. Sie bekam kein Geld als Lohn, doch dafür erhielt sie Brot und Semmeln, von denen sie auch noch zwei Familien in ihrem Haus geben konnte. Frau Metzger wohnte auf dem gleichen Stockwerk, so konnte sie ein bisschen auf die Kinder aufpassen, während Elsa in den Morgenstunden weg war. In Nürnberg machte niemand sein eigenes Brot und brachte es wie in Wassertrüdingen zum Bäcker. Die Leute hatten kein Mehl. Vom Krieg bekam die Bevölkerung nur mit, was die Zeitungen berichteten.

Dreimal war Fritz auf Heimaturlaub. Die Eheleute lagen sich in den Armen und beide wollten nur, dass der Krieg bald gut für alle vorbeiging. Fritz freute sich sehr über ihre Buben, die gerne auf seinem Schoß saßen, doch die Urlaubstage gingen immer viel zu schnell vorbei. Während Fritz fort war, fühlte sich Elsa nicht wohl. Wenn Fritz bei ihr war, verflog ihre Unsicherheit, doch wenn er einige Tage weg war, begann sie unruhig zu werden. Damals war er vier Jahre lang als Soldat im Krieg. Immer war Elsa in Sorge, dass er nicht mehr gesund wiederkommen würde. Außerdem trieb sie die Frage um, ob sie nicht ihre beiden Söhne taufen lassen sollten. Bar Mitzwa oder Konfirmation? Oder keine Glaubenszugehörigkeit? Für Elsa waren Ernst und Fritz Juden, denn nach jüdischer Auffassung haben die Kinder dieselbe Religion wie die Mutter. Ernst kam im Frühjahr 1917 in die Schule. Bei der Schuleinschreibung fragte man Elsa, welche Religion ihr Sohn hatte. Der Lehrer war sehr nett, als Elsa ihn fragte, was er an ihrer Stelle machen würde. Mit Krücken saß er ihr gegenüber, er war im Krieg schwer verwundet worden. Elsa erinnerte sich noch lang an ihn, wie er alt und müde vor ihr gesessen hatte. Er meinte, sie solle mit ihrem Mann noch darüber reden, aber seiner Meinung nach sollten die Buben den jüdischen Glauben annehmen, da sie als ihre Mutter ihnen so Vorbild und Hilfe sein könnte. Die jüdischen Festtage und den Sabbat hielt Elsa nicht ein, da sich im Haus und in der ganzen Stadt alle nach dem christlichen Kalender richteten. An Weihnachten hatten sie zusammen mit den Kindern auch immer ein kleines Fest gefeiert, an dem Fritz und Elsa den Kindern Kleinigkeiten schenkten.

Der Krieg tobte nun schon drei volle Jahre. Die anfängliche Begeisterung für den Krieg bei vielen in der Stadt hatte sich gelegt. In ihrem Mietshaus beklagten zwei Familien Gefallene, die Stimmung war entsprechend gedrückt. Die Versorgungslage wurde immer schlechter und von den anfänglichen Erfolgen an der Front hörte man nichts mehr. Fritz kam im Frühjahr 1918 wieder für eine Woche heim. Elsa versuchte ihn zu verwöhnen und wollte ihn nicht mehr fortlassen, aber er musste mit dem Zug zurück nach Frankreich an die Front fahren. Alle hofften auf ein baldiges Ende und als der Waffenstillstand im Herbst verkündet wurde, wartete Elsa und die Kinder voll Ungeduld auf Fritz. Er kam gesund zurück, aber er war lange Zeit sehr ernst und zurückhaltend. Für die Bevölkerung in Nürnberg begann eine sehr unruhige Zeit. Es gab Demonstrationen mit Verletzten, und die Lebensmittel waren nach wie vor sehr knapp. Fritz versuchte Elsa zu erklären, wer da gegen wen kämpfte, aber ihr war das ziemlich gleichgültig. Im Jahr 1919 waren Wahlen, und danach wurde das Leben in Nürnberg wieder etwas ruhiger. Ernst und Friedrich begleiteten ihre Mutter bei den Einkäufen. Beide waren sehr aufgeweckte und anhängliche Kinder, die Buben machten ihrer Mutter viel Freude. Die Geldentwertung wurde immer schneller. Wenn man das Geld am Monatsanfang nicht gleich ausgab, war es nach ein bis zwei Wochen nichts mehr wert.

Oben und unten: Bechhofen, Jüdischer Friedhof in den 30er Jahres des 20. Jahrhunderts

Die Zwanziger Jahre

Die Nachkriegszeit war für Fritz und Elsa angenehm, denn sie verstanden sich immer sehr gut. Es gab wirtschaftliche Probleme, aber mit Fritz an ihrer Seite war das kein Problem. Mit den Alltagsarbeiten und den täglichen Besorgungen war Elsa so beschäftigt, dass die Nachricht von einer schweren Erkrankung ihrer Mutter wie eine Bombe bei ihr einschlug. Ende Juni 1920 fuhr sie mit Friedrich nach Wassertrüdingen, um die Mutter zu pflegen und um sie zu betreuen. Ihr Vater war ziemlich hilflos, weil die Mutter ihn immer gut versorgt hatte. Während des Krieges musste das Hausmädchen heim nach Ehingen, da die Männer alle im Krieg waren. So hatte Mutter Lehmeier auch schwerere Arbeiten zu verrichten. In Wassertrüdingen schien die Zeit still zu stehen. Die Nachbarn begrüßten Elsa freundlich, und Friedrich hatte sofort Kinder in der Nachbarschaft gefunden, mit denen er spielen konnte. Für sie begannen schwierige Wochen. Die Mutter wurde von Tag zu Tag schwächer. Sie aß und trank fast nichts mehr. Am 5. Juli 1920 schlief sie völlig ermattet ein. So wie sie im Leben immer war, so war sie auch gegangen, leise und unauffällig. Elsa war unendlich traurig und versuchte ihren Vater zu trösten. Herr Nehm half ihr bei dem Gang auf die Stadt. Er beauftragte auch den Leichenbitter und bereitete die jüdische Beerdigung vor. Drei Tag nach Mutters Tod ging eine kleine Gruppe mit trauernden Menschen hinter dem Leichenwagen durch die Heide nach Bechhofen auf den jüdischen Friedhof. Die Beerdigungsfeier mit schönen Gesängen des Rabbis tat Elsa gut. Fritz und Ernst waren aus Nürnberg gekommen und standen ihr zur Seite. So konnte sie damals ruhig werden und von ihrer Mutter Abschied nehmen. Vater Lehmeier war allein im Haus in der Mühltorstraße (Abb. S. 72). Fritz schlug vor, dass sein Vater, der auch schon einige Jahre allein gewesen war, zu Elsas Vater ins Lehmeier-Haus ziehen sollte. So wurde es gemacht, denn das war für beide Väter das Beste.

Haus in der Mühltorstraße

Friedrich kam im Frühjahr 1921 in die Schule. Auch bei seiner Einschulung wurde Elsa nach der Religion gefragt. Fritz war der Meinung, dass ihre Kinder nicht unbedingt einer Kirche oder einem Glauben angehören sollten. Er selbst war kein Kirchgänger, und sie ging auch fast nie in die Synagoge. In der Weimarer Republik wurde keinem Bürgern der christliche Glaube aufgedrängt. So beschlossen die Richters, dass ihre Kinder keine Bar Mitzwa und keine Konfirmation feiern sollten. Elsa glaubte, dass beide Söhne jüdischen Glaubens waren, diesen aber nicht lebten. Fast immer war sie mit Fritz einer Meinung, doch die Regelung, dass beide Buben keinen Glauben haben sollten, erschien ihr im Gegensatz zu Fritz unangenehm. Erst dreißig Jahre später nach dem Tod ihres Mannes traf Elsa die Entscheidung, sich evangelisch taufen zu lassen. Wie ihre Söhne damit klar gekommen sind, wusste Elsa auch später nicht, doch keiner hat sich deswegen bei ihr beschwert. In der Schule jedenfalls besuchten die beiden immer den evangelischen Religionsunterricht, weil sie nicht auffallen wollten. Von den Mitschülern fragte auch keiner nach.

Zurück in Nürnberg ging das Leben seinen Gang. Fritz war mit seiner Stelle im Finanzamt zufrieden. Im Haus lebte einen Stock höher eine Familie mit drei Buben. Herr Lang war aus einem Hesselbergdorf und seine Frau kam aus Dambach. Mit ihnen hatten sie ein gutes Verhältnis. Oft spielten die Buben der Richters und der Familie Lang auf der Straße miteinander, was für die Eltern angenehm war. Im Februar 1922 kamen die Buben einmal sehr spät nach Hause. Weil es schon dunkel war, sorgte sich die Mutter sehr, denn Friedrich war erst sechs Jahre alt. Sie schimpfte, doch Ernst erzählte ihr, dass sie zugeschaut hatten, wie Bauarbeiter einen Lastkraftwagen mit der Kurbel anmachen wollten, doch die Männer mussten erst ein Feuer unter dem Motor machen. Elsa verstand nur wenig von technischen Dingen, aber im Geheimen konnte sie sich gut vorstellen, dass ihre Buben so etwas beobachten mussten. Sie sprachen etwas mehr Hochdeutsch als die anderen Kinder in Nürnberg, doch die drei Lang-Buben sprachen eine Mischung aus Hesselberg-Fränkisch und Nürnbergisch. Am Wochenende fuhr die ganze Familie im Sommer auch manchmal mit dem Zug in die fränkische Schweiz. Fritz kannte sich gut aus und seine Buben und auch Elsa lernten Bäume und Blumen kennen. Es waren herrliche Tage.

Die Geldentwertung hielt alle in Atem. Mit dem Notgeld der Stadt Nürnberg ging es eine Zeitlang besser, da dieses Geld nicht so schnell an Wert verlor, doch als dann das Brot Millionen kostete war der tägliche Einkauf ein Glücksspiel. In den letzten Tagen vor der Geldreform brachte Fritz jeden Tag seinen Lohn mit nach Hause, und Elsa versuchte noch am selben Abend einzukaufen. Wertloses Geld hatte man sehr viel. Zehntausender lagen in Körben im Keller, das Geld war nach einem Tag schon fast wertlos. Als dann die Währungsreform kam, gewöhnte man sich gern an das neue Geld. Viele hatten große Probleme, doch Fritz kannte sich gut aus. Seine Tipps halfen Elsa beim Geldausgeben.

Die beiden Buben gingen wegen ihrer guten Noten auf das Gymnasium. Fritz konnte ihnen am Anfang etwas bei den Schularbeiten helfen, doch sie hatten keine Probleme. Beide waren Leseratten. Langsam fühlte sich Elsa in Nürnberg etwas wohler. Ab ungefähr 1925 wurde die wirtschaftliche Lage besser, und es gab auch keine Unruhen mehr auf den Straßen. An Freitagen und Samstagen gingen die Richters ab und zu in einen der Keller vor der Stadt. Da hatte sie ihren Fritz fast für sich allein, denn die Buben begleiteten sie zwar noch, doch gingen sie auf den Kellern eigene Wege. Im Sommer war es herrlich unter Bäumen in einem Biergarten oder in einem Gartencafé zu sitzen. Damals rief ihr Schwiegervater seinen Sohn Fritz im Büro an und erzählte, dass Vater Lehmeier immer gebrechlicher wurde. Er schien mit der Versorgung ihres Vaters überfordert zu sein. So kam an Weihnachten 1926 Elsas Vater zu ihnen nach Nürnberg in die kleine Wohnung. Von da an lebten sie nur noch in der Wohnküche, weil sie ihren Vater ins Wohnzimmer legten. Er konnte am Anfang noch etwas in der Wohnung umher gehen. Seine Lieblingsbeschäftigung war es, auf der Straße den Verkehr zu beobachten. Ihr Vater war geduldig und bescheiden, doch für Elsa bedeutete seine Betreuung viel Mehrarbeit, die nicht leicht war. Den eigenen Vater in die Badewanne zu heben gelang ihr nur zusammen mit Ernst. Als es dann mit ihm zu Ende ging, war Elsa froh, dass sie ihn in seinen letzten Tagen hatte versorgen können. Am 8. August 1927 schlief er friedlich ein. Es war ein heißer Sommertag. Diesmal erledigte Fritz die Behördengänge.

Mit einem großen Auto fuhr die Familie mit dem Sarg von Nürnberg nach Bechhofen. Die Fahrt war angenehm, weil das Wetter gut war. Einige jüdische Freunde aus Wassertrüdingen und auch Kollegen von Elsas Vater waren gekommen. Von da an hatten sie nur noch die Schwestern von Fritz und seinen Vater in Wassertrüdingen. Ab und zu besuchte eine Schwester die Familie in Nürnberg. Einmal im Jahr, wenn Fritz Urlaub hatte, fuhren Elsa, Fritz und die Buben mit dem Zug für einige Tage nach Wassertrüdingen. Anfänglich wohnten sie dann immer für einige Tage bei ihrem Schwiegervater in Elsas Elternhaus. An einem Tag wanderten sie immer zu Fuß durch die Heide zum Judenfriedhof in Bechhofen. Fritz war ein treuer Begleiter und für Elsa und ihre Buben waren es schöne und sehr angenehme Tage.

Die Hetze gegen die Juden

Doch es begannen bald andere Zeiten. Unmerklich, dafür umso härter für Elsa begann eine Hetzkampagne gegen die Juden. Zuerst meinte sie noch beim Bäcker nebenan, dass die Leute Witze machten, wenn sie über die Juden herzogen, doch ziemlich schnell merkte Elsa, dass einige Menschen die Juden regelrecht hassten. In ihrer Nachbarschaft wussten nur wenige, dass sie Jüdin war. Das andauernde Schimpfen und Hetzen auf die Juden verletzte und beunruhigte Elsa sehr. Was haben die Leute gegen sie? Was haben die Juden falsch gemacht? Fritz versuchte sie zu trösten und meinte, dass die Menschen schon wieder vernünftiger werden. Dann kam der Schwarze Freitag 1929. Elsa war damals die Bedeutung dieses Börsenzusammenbruchs in New York nicht klar, doch Fritz war sehr bedrückt. Ihn hatte die Nachricht sehr beunruhigt, zu recht wie sich bald herausstellen sollte. Innerhalb weniger Wochen waren in Nürnberg sehr viele Menschen arbeitslos. Die Straßen füllten sich mit Bettlern, und hungrige Kinder läuteten immer öfter an den Wohnungstüren. Als Beamter hatte Fritz einen sicheren Arbeitsplatz, doch im Haus herrschte große Angst vor der Zukunft. Immer häufiger und immer offener hetzten viele Menschen gegen die Juden. Man gab ihnen die Schuld an der Wirtschaftskrise.

Beide Richtersöhne hatten damals in der Schule immer öfter mit einzelnen Lehrern und dann auch mit Mitschülern Probleme, es tat Ernst und Friedrich weh, wie die Klassenkameraden über alle Juden schimpften. Da beide Söhne immer den evangelischen Religionsunterricht besucht hatten, wussten am Anfang die wenigsten, dass sie Juden waren. Bei der Abiturfeier von Ernst hielt der Schuldirektor eine bitterböse Rede, in der er vor den Juden und ihrem angeblichen Einfluss warnte. Doch nach dem Wehrdienst konnte Ernst zu studieren anfangen, weil es die Rassengesetze erst später gab.

Für Friedrich waren die Zeiten nicht so günstig. Er hatte große Schwierigkeiten in der Schule, denn in den folgenden Jahren gingen manche Lehrer gezielt auf jüdische Schüler los. Da Fritz bei den Steuerbehörden als Beamter einen sicheren Arbeitsplatz hatte, ging es der Familie Richter bis 1933 gut. Fritz brachte in diesen Zeiten mit großer Arbeitslosigkeit jeden Monat sein Gehalt mit nach Hause. Immer mehr Menschen in Nürnberg gingen als Arbeitslose zu den Suppenküchen der Kirchen, um dort warmes Essen zu bekommen. In ihrem Haus mussten zwei Familien ausziehen, weil sie die Miete nicht mehr bezahlen konnten. Die Wohnungen blieben leer. Eine dieser Familien wohnte dann notdürftig in einer Scheune in einem Dorf bei Schwabach. Dieser Familie brachte Fritz zusammen mit Friedrich für ihre Kinder abgetragene Hemden und Hosen. Fritz und sein Sohn waren entsetzt über die Zustände, in denen die Familie hauste. In den Wintermonaten des Jahres 1931 brannten an einigen Plätzen Feuer, an denen sich die Arbeitslosen aufwärmten, um nicht zu erfrieren. Immer mehr Menschen wurden entlassen, weil es keine Arbeit mehr gab und weil die Menschen immer weniger Geld hatten, um die Produkte zu kaufen.

Umso schlimmer war die Propaganda der Nazis, die den Juden die Schuld an dieser Wirtschaftskrise gaben. Vor den Wahlen versprachen sie den Leuten Arbeit und immer mehr Menschen fielen auf diese Versprechungen herein. Elsa wurde angst und bange, denn über kurz oder lang würden die Nazis auf die Juden losgehen. Doch Fritz meinte, dass sie das nicht tun könnten. Außerdem würden die Nazis in Nürnberg besonders wild gegen Juden vorgehen, das wäre andernorts nicht so schlimm. Fritz versuchte Elsas Angst etwas zu mildern, aber es gelang ihm nicht richtig. Immer öfter gab es Aufmärsche mit Nazis, mit der SA oder mit der SS. Jedes Mal marschierten Blaskapellen mit, doch die gleichmäßigen Schritte mit den knallenden Stiefeleisen hatte Elsa bis ins hohe

Alter in den Ohren, es war schrecklich. Sie glaubte, dass sich Fritz auch nicht sicher war, wie das Ganze weitergehen würde. Dagegen herrschte große Freude in der Familie, als Ernst 1933 aus Heidelberg zurückkam, wo er sein Studium mit dem juristischen Staatsexamen abgeschlossen hatte. Noch größer war die Freude, als er dann nach Würzburg ging, wo er mit seiner Doktorarbeit begann. Aus Würzburg konnte er seine Familie leichter besuchen. Immer wieder tauchte er mal bei den Eltern und seinem Bruder in Nürnberg auf.

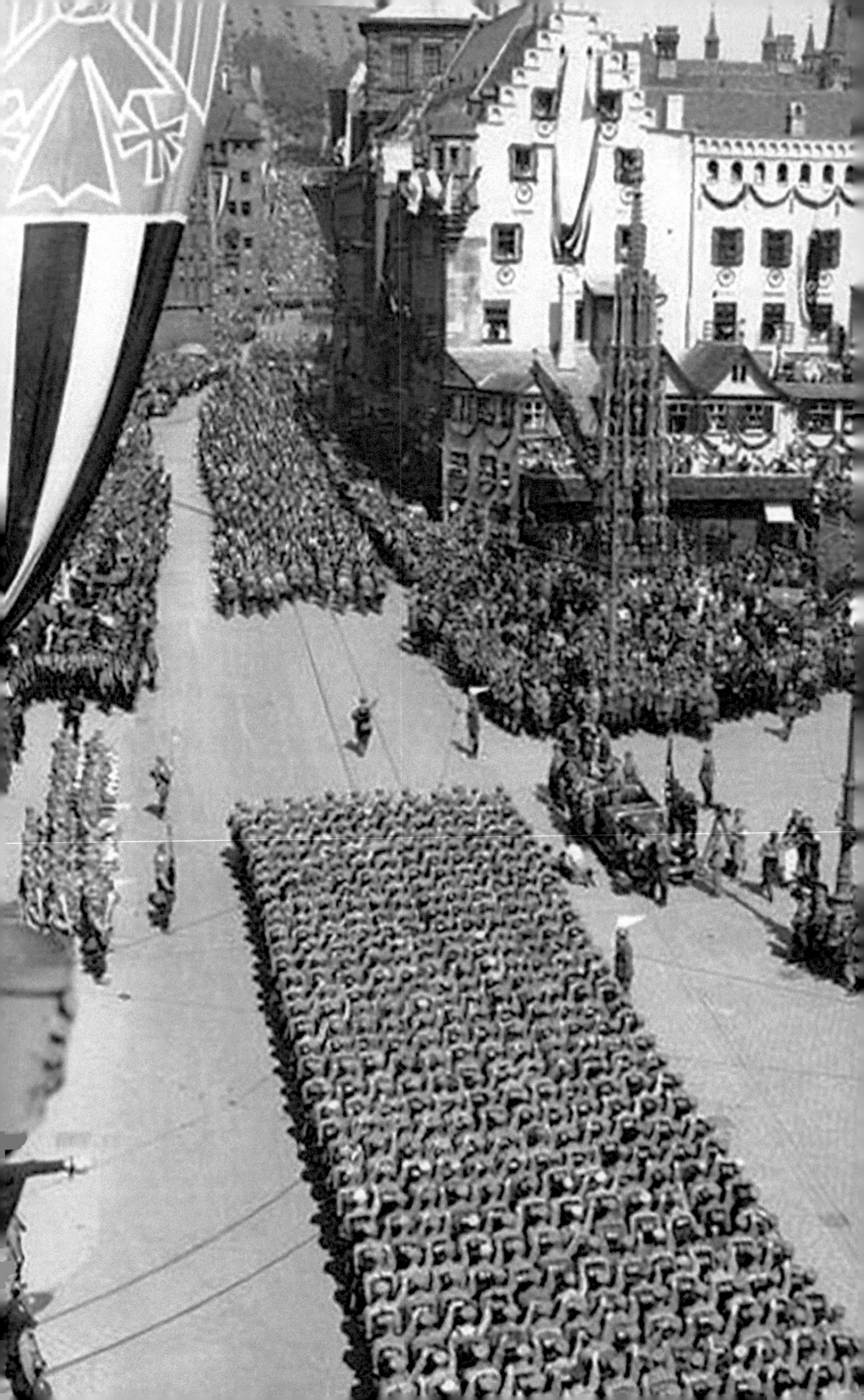

Die Nationalsozialisten an der Macht

Als dann Hitler 1933 Reichskanzler geworden war, dauerte es nicht mehr lange, bis die Nazis jüdische Geschäftsleute drangsalierten und versuchten, die Kunden von diesen Läden fernzuhalten. Dazu standen zum Beispiel halbwüchsige Buben vor den Läden, die jeden anspuckten, der in ein jüdisches Geschäft wollte. Wenn die Ladeninhaber die Polizei riefen, machten die Ordnungshüter gar nichts. Das Bekleidungsgeschäft Weinberger war eines der ersten Geschäfte, welches zumachen musste. Bis dahin war Elsa immer gern in dieses Geschäft gegangen. Einige Male wurde das Schaufenster eingeschlagen und einmal wurde sogar ein Brandsatz in ein Fenster geworfen. Die Polizei schaute zu, ebenso einige Passanten, von denen sogar einige Beifall klatschten. Viele, die vorher zufriedene Kunden gewesen waren, gingen nun nicht mehr dort hin, denn sie hatten Angst, dass man sie beobachtete. Fritz riet seiner Frau, auch nicht mehr dort einzukaufen, denn wenn man herausfinden würde, dass sie eine Jüdin war, könnte das für sie gefährlich werden. Von einem Tag auf den anderen musste sich Elsa als Bürgerin Nürnbergs wegen ihres Glaubens einschränken. „Was habe ich ihnen getan?“ Diese Frage stellte sie sich immer wieder, denn sie wurde von einigen Mitmenschen plötzlich gehasst, nur weil sie Jüdin war.

Jedes Jahr wurden in Nürnberg Nazi-Reichsparteitage abgehalten, die Elsa als furchtbare Tage noch lange in Erinnerung hatte. Auf der Straße sah man in jenen Tagen nur braune Uniformen. Sie hatte große Angst. Die Zeitungen waren voll von teuflischer Propaganda. Die Bilder vom Zeppelinfeld in der Zeitung zeigte mehrere Zehntausende Nazis, die Elsa große Angst machten. Auch in ihrem Haus wohnten während

S. 84: Aufmarsch der SA auf dem Hauptmarkt in Nürnberg

der Parteitage Genossen von auswärts, denen sie nicht begegnen wollte. So blieb sie in dieser Zeit in der Wohnung, ohne zu ahnen was noch alles auf sie zukommen sollte. Die Gymnasiasten, also auch Friedrich, hatten schulfrei und überall hingen die Hakenkreuzfahnen. An zwei Tagen wurden alle Finanzbeamte zum Jubeln an den Straßen aufgestellt, wo sie die Hand zum Hitlergruß heben sollten. Fritz blieb dem Ganzen zweimal fern, doch sein Dienststellenleiter wollte ihn 1935 zur Anwesenheit zwingen. Für Fritz Richter wurde die Geschichte immer schwieriger. Da er kein Nazi war und auch nicht den Nationalsozialisten gefallen wollte, war er in Gefahr, entlassen zu werden. Elsa riet ihrem Mann mehrere Male nachzugeben. So ging er also 1935 mit auf die Straßen, um den verhassten Nazis zuzujubeln. Doch es kam noch viel schlimmer.

1935 wurden auf dem Reichstag die Nürnberger Gesetze veröffentlicht. Darin nahmen die Nationalsozialisten den Juden fast alle bürgerliche Rechte. Was kaum jemand geglaubt oder geahnt hatte, war plötzlich Wirklichkeit geworden. Fritz wurde von seiner Dienststelle aufgefordert, sich von Elsa scheiden zu lassen, da sie Jüdin war, was nach den Nürnberger Gesetzen Rassenschande sei und nun verboten war. Den Abend konnte Elsa nicht vergessen, als ihr Fritz diese unglaubliche Bedrohung der Familie klarmachte. Weinend saß Elsa da, denn für sie brach nicht eine Welt zusammen, für sie brach ihre Welt zusammen. In der Tat war nun alles gefährdet, was mit ihrer Familie zu tun hatte. Elsa war ihrem Fritz für immer und ewig dankbar, dass er zu ihr gehalten hatte, obwohl er mehrmals stark unter Druck gesetzt worden war. Wie immer wusste Fritz auch damals, was zu tun war. Er kündigte seinen Arbeitsplatz und verzichtete auf seine Beamtenpension.

Friedrich hatte im selben Jahr das Abitur gemacht, doch Fritz riet seinem jüngeren Sohn vom Studium ab. Bei der Anmeldung an der Universität würden sie ihn nach seiner Herkunft fragen und außerdem wäre er an der Universität immer stärkeren Bedrohungen ausgesetzt, denn die Nazis würden ihm dort keine Ruhe lassen. Für Friedrich fand der Vater einen Ausbildungsplatz als Elektriker in der Nachbarschaft. Der Elektromeister war kein Nazi. Er nahm Friedrich sofort, obwohl Fritz ihm gleich zu Anfang erzählt hatte, dass die Mutter Jüdin sei. Wenigstens diese Sorge waren sie für einige Monate los. Ernst konnte im Herbst 1935 unbehelligt in Würzburg seinen Doktor machen. Darüber freuten sie sich alle sehr.

Doch Fritz wusste auch für sich einen Ausweg. Er übernahm die Steuerkanzlei eines Juden, der froh war, einen Deutschen gefunden zu haben, der ihm pünktlich seine Miete überwies. Herr Rosenstein war ein vornehmer, älterer Herr, mit dem Fritz als Beamter im Finanzamt öfter zu tun gehabt hatte. Viele Geschäftsleute hatten sich von Herrn Rosenstein die Steuerklärung machen lassen, und viele Firmen wurden auch von ihm finanziell beraten. Er freute sich, dass er Fritz gefunden hatte, denn er war beinahe 70 Jahre alt. Leider hatte er später nicht den Absprung aus Deutschland geschafft. Seine Frau und er wurden in einem KZ umgebracht. Die Selbständigkeit gefiel Fritz sehr, doch für Elsa war es eine große Umstellung, denn von da an kam Fritz immer später nach Haus. Er freute sich, dass er so viel zu tun hatte und dass er als Selbständiger ganz gut verdiente. Trotz der üblen Beschimpfungen und den aggressiven Tönen den Juden gegenüber hatten die Richters für einige Monate Ruhe. Friedrich fand sich als Lehrling schnell zurecht, ihm machte die Arbeit in der Elektrofirma viel Freude, so dass er gar nicht mehr an sein früher geplantes Studium dachte.

Zum Einkaufen ging Elsa nur in bestimmte Geschäfte in der Nachbarschaft, wo man sie kannte und wo sie keiner nach ihrem Ausweis fragte. Trotzdem lebte sie in ständiger Angst. Immer öfter wurden Juden auf der Straße verhaftet oder beschimpft und geschlagen. Abends blieb die verängstigte Ehefrau zu Hause, doch was Fritz und sie im Radio hörten, machte ihnen keine Freude, es machte ihnen Angst. Jeden Tag kamen mehrmals Propagandasendungen der Nationalsozialisten. Selbst in Musiksendungen wurde Propaganda gemacht. Jüdische Schriftsteller, Schauspieler, Autoren und Wissenschaftler bekamen immer größere Schwierigkeiten und man hörte immer öfter, dass einige von ihnen emigrierten. Die Olympiade im Jahre 1936 in Berlin wurde von den Nationalsozialisten als Werbung für Deutschland in der ganzen Welt genutzt. Fritz schimpfte über die Verlogenheit der Propaganda. Als dann der schwarze Amerikaner Jesse Owens vier Goldmedaillen gewann, war für alle selbständig denkenden Menschen klar, wie verlogen und dumm die ganze Rassenlehre der Nazis war.

Die Söhne wanderten aus.

Auch in der Familie Richter wurde damals über Emigration gesprochen, doch hoffte Elsa insgeheim, dass ihre Söhne in Deutschland bleiben würden. Die erste Frage bei Bewerbungen war in diesem Jahr die Frage nach der „arischen“ Herkunft. Um kein Aufsehen zu machen, arbeitete Ernst deshalb noch ein halbes Jahr in der Würzburger Rechtsanwaltskanzlei, weil er wusste, dass dort auch Juden beschäftigt waren. Dieser Rechtsanwalt war kein Freund der Nazis, weshalb ihm 1939 von den nationalsozialistisch gesteuerten Behörden seine Zulassung als Rechtsanwalt entzogen worden war. Für Ernst war es eine interessante Zeit, und die Arbeit dort machte ihm großen Spaß. Doch im Winter 1937 erzählte Ernst zum ersten Mal, dass er überlege, in die USA zu emigrieren. Immer deutlicher ermahnte er seine Eltern und den Bruder bei seinen Besuchen, auch über eine Auswanderung nachzudenken, weil die Lage der Juden von Woche zu Woche gefährlicher wurde. Immer mehr Menschen in ihrem Bekanntenkreis dachten an eine Auswanderung. Fritz war nicht gegen eine Ausreise, darüber wunderte sich Elsa sehr, denn sie fühlten sich alle als Franken und Deutsche. Ernst sollte Recht behalten. Friedrich dachte noch nicht ans Auswandern, weil er unbedingt vorher seine Lehre zum Elektriker abschließen wollte.

Die Arbeit in der Steuerkanzlei füllte Fritz ganz aus. Elsa machte die bevorstehende Selbständigkeit ihrer Buben Sorgen. Die täglichen Einkäufe waren nun auch nicht dazu angetan, sie aufzuheitern. Immer musste sie auf der Hut sein, um nicht als Jüdin erkannt zu werden. Fritz fuhr deshalb im Sommer 1935 fast jeden Sonntag mit ihr mit dem Zug in die Fränkische Schweiz oder ins Schwarzachtal. Es gibt in Nürnberg und Umgebung so viele schöne Orte zum Wandern. Liebevoll gab sich Fritz alle Mühe, doch Elsas innere Unruhe blieb, sie wurde eher noch größer. Selbst bei ihrem Besuch in Wassertrüdingen

hörte sie von schrecklichen Begebenheiten. Die Nachbarn erzählten von den Winters in der Bahnhofstraße, denen hatten Nazi-Rabauken das Auto in die Wörnitz gestoßen, und bei Tannewalds in der Dinkelsbühler Straße hatten Jugendliche Brandbeschleuniger in das Fenster im ersten Stock geworfen. Weil man Juden drangsalieren durfte, unternahm die Wassertrüdinger Polizei nichts gegen diese Rowdys. So hatte Elsa das Gefühl, dass Wassertrüdingen zwar ihre Heimat war, dass aber sehr viele Menschen sie dort nicht mehr sehen wollten, Es kam ihr vor, als ob man ihr die Heimat gestohlen hatte. Und wieder plagte sie die Frage:
„Warum das alles?"

Den Friedhof in Bechhofen und die Gräber von Elsas Eltern besuchten die Eheleute nur zu Fuß, so wurden sie dabei nur von wenigen Wassertrüdingern beobachtet. Es waren herrliche Wanderungen durch eine schöne Heidelandschaft mit vielen Weihern und vielen Vögeln. Der Judenfriedhof in Bechhofen befindet sich am Ortsrand unter vielen Bäumen. Der Vater von Fritz lag nun auch schon einige Jahre auf dem christlichen Friedhof in Wassertrüdingen, der sehr interessant ist, weil um den gesamten Friedhof eine Mauer mit Dach geht, zu denen die Wassertrüdinger Arkaden sagen. An den Wänden dieser Mauer sind sehr viele alte Grabplatten, die zwar schon verwittert sind, die aber kunstvoll gefertigt worden waren.

Zurück in der Nürnberger Wohnung war Elsa weniger aufgeregt, denn niemand konnte sie dort nach ihrer Herkunft fragen. Die Hetze gegen Juden wurde immer unerträglicher. Im Winter 1937 teilte Ernst seinen Eltern mit, dass er nun ausreisen werde. Beruflich sah er in Deutschland als Jude keine Zukunft. Er bemühte sich um einen Pass für die Ausreise. Als Zweck der Reise gab er an, dass er im Ausland Arbeit suchen möchte, um dort Erfahrungen zu sammeln. Beide Eltern befürchteten Schwierigkeiten beim Nürnberger Standesamt, doch nach einigen Wochen konnte Ernst seinen Pass abholen. Nun kaufte Fritz ihm eine Schiffsreise von Hamburg nach New York. Ein entfernter Verwandter von Fritz lebte in Kalifornien. Ihm schrieb Ernst mehrmals. So konnte er sich schon vorab ein bisschen über die Verhältnisse in den Vereinigten Staaten von Amerika informieren. Bei den amerikanischen Einreisebehörden war dieser Onkel auch wichtig als Bürge für Ernst. Friedrich erklärte seinen Eltern, dass es für ihn dann später einmal leichter sei, auszuwandern, da er nun alles beobachten konnte. Am 1. Mai 1937 verließ Ernst sein Elternhaus mit einem Koffer in der Hand. Am Tag darauf bestieg er in Hamburg den Dampfer nach Amerika. Für eine Mutter ist es schwer, wenn die Kinder selbständig werden und aus dem Haus gehen. Wenn sie aber auswandern, dann ist das doppelt hart.

Nach eineinhalb Monaten kam der erste Brief von Ernst bei ihnen in Nürnberg an. Da er mit großer Begeisterung die Verhältnisse und die Menschen in den Staaten schilderte, wussten seine Eltern, dass es ihm gut ging. Onkel Sal und zwei Cousinen hatten Ernst begrüßt und ihn für einige Wochen aufgenommen. Von dort aus gelang ihm der Absprung, er fand bald eine Arbeit als Hilfsarbeiter. Trotzdem schrieb er beigeistert von den Verhältnissen in Kalifornien. Für Elsa war klar, dass sie alle seine Briefe beantworten wollte. In ihrer Antwort bemühte sie sich, nicht zu besorgt zu klingen. Ernst sollte ihre Unruhe nicht spüren. Als sie damals von einem Krieg zwischen Japan und China hörten, meinte Fritz, dass ein Krieg in Europa auch drohe, wenn Hitler so weiter machen würde. Im Sommer 1937 gingen Fritz und Elsa auch einmal in ein Kino. Bisher waren sie nicht gegangen, weil sie vor großen Räumen mit so vielen Menschen Angst hatte, sie fühlte sich dort nicht sicher. Doch Fritz überredete seine Frau. Es war ein Heimatfilm von einer Familie in den Alpen. Die Aufführung hatte Elsa sehr gut gefallen. Sie vergaß bald nach Beginn des Films, dass sie mit vielen anderen in einem großen Saal saß.

Das Hören von Radiosendungen gefiel ihr immer weniger, weil die Nazi-Propaganda und die Angriffe auf Juden von Monat zu Monat stärker in den Vordergrund rückten.

Friedrich kündigte ihnen dann im Winter 1938 an, dass er nach Abschluss seiner Gesellenprüfung auch in die USA auswandern werde. Fritz unterstützte ihn in seinem Vorhaben, und Friedrich fragte auch seine Mutter, ob sie nicht mit ihm gehen wollten. Wie ihr Leben weiter gegangen, wäre, wenn sie alle ausgewandert wären, weiß niemand, doch Fritz und Elsa hätten sich einiges erspart. Für sie war das Auswandern unvorstellbar, obwohl aus der Richter-Familie schon einige entfernte Verwandte über dem großen Meer wohnten. Im Sommer hatte Friedrich seinen Pass für die Ausreise und seine Schiffskarte. Der Abschied auf dem Nürnberger Hauptbahnhof war grausam. Elsa erinnert sich bis heute noch genau: Sie heulte ununterbrochen, bis sie den Zug nicht mehr sehen konnte. Damals glaubte sie, dass sie sich nicht mehr begegnen sollten. So schlimm alles danach kam, aber ihre beiden Söhne hatte Elsa doch noch mehrmals wieder gesehen, allerdings erst nach Jahren.

Ihr selbstgewähltes Versteck

Leider sollte Fritz Recht behalten: Im März marschierten die Nazis in Österreich ein. Offensichtlich wollten die Nazis den Krieg. Viele Nürnberger waren von Hitler begeistert. Aufmärsche auf den Plätzen und viele SA-Leute auf den Straßen hielten Elsa immer mehr davon ab die Wohnung zu verlassen. Für Fritz wurde es auch schwierig, denn seine Kanzlei war den Nazis verdächtig, da er sich nie linientreu zeigte. Immer öfter bekam er Besuch von Finanzbeamten. Seine Kunden waren häufig Geschäftsleute, die einen ehrliche Makler suchten, der nicht mit den Nazis zusammenarbeitete. Einige seiner Mandanten waren jüdische Geschäftsleute, die einer nach dem anderen die Geschäfte aufgeben mussten. Die Lage wurde zunehmend schwieriger. Immer mehr wurde den Juden in Deutschland verboten. Eines Tages kam mit der Post ein Brief vom Polizeipräsidium Nürnberg-Fürth, dass der Name „Elsa" durch den jüdischen Namen „Zilla" ersetzt worden sei. Von da an musste Elsa diesen ihr fremden Namen tragen, weil es den Nationalsozialisten so in den Kram passte. Zweimal die Woche ging Fritz jetzt eher aus seinem Büro heim, um noch einzukaufen. Elsa traute sich überhaupt nicht mehr auf die Straße, es war schrecklich: Lieber verkroch sie sich in ihrer Wohnung, als dass sie sich auf die Straße traute. Und es sollte noch schlimmer kommen. Am 9. November 1938 brannten in Deutschland die Synagogen und die Hetze gegen jüdische Häuser und Geschäfte brach mit voller Wucht über die Juden herein. In dieser Nacht wurde im Wohnhaus schräg gegenüber eine jüdische Familie von jungen Leuten in Uniformen auf die Straße geprügelt und verhaftet. Was aus der Familie Gutmann geworden ist, wusste damals niemand genau. Im Haus der Richters blieb es ruhig, trotzdem hatte Elsa Todesangst. Die Wahrheit über diese Nacht kam damals nicht ans Licht.

Mehrere Wochen ging sie nicht mehr aus dem Haus. Fritz gab ihr den Rat, mindestens zwei Monate lang in der Wohnung zu bleiben und sich zu verstecken. Elsa wollte auch nicht aus dem Haus. Ihre Angst entdeckt zu werden war viel zu groß. Als dann ein Brief von Ernst und Friedrich kam, war sie sehr erleichtert. Der große Bruder hatte sich um Friedrich gekümmert. Ihre Nachrichten waren erfreulich und die Mutter hatte den Eindruck, ihre Söhne würden sich gut in der neuen Welt fühlen. Beide hatten schon auf der Überfahrt nette Mädchen kennen gelernt, mit denen sie noch zusammen waren. Elsas Antwortbrief sollte ihre Buben beruhigen. Von ihrer Angst vor dem Ausgehen schrieb sie ihnen nichts. Sie sollten sich unbeschwert neue Existenzen aufbauen können. Viele Juden in Deutschland veräußerten auf Druck der Nazi-Behörden nach der Pogromnacht im November 1938 ihre Häuser. Wer auswandern wollte, musste zuerst alles viel zu billig verkaufen, und dann war es ungewiss, ob er die Pässe für seine Familie bekommen würde. Einige schafften es noch, doch Elsa glaubte, es sei sinnvoll, sich ruhig und unauffällig zu verhalten. Von dieser Nacht an verließ Elsa sechs Jahre lang ihre Wohnung nicht mehr. Im Sommer 1939 beschloss Fritz, allen zu sagen, dass seine Frau weggezogen wäre zu ihren Söhnen in die USA. So hoffte er, dass die SA ihre Wohnung nicht durchsuchen würde. Denn es gab ab 1939 immer öfter Hausdurchsuchungen in Wohnungen und Häusern, wo Juden vermutet wurden. Wahrscheinlich kann sich niemand vorstellen, was es bedeutet, so lange freiwillig eingesperrt zu sein, doch mit eisernem Willen hatte Elsa es geschafft, auch für die Nachbarn verschwunden zu sein.

In einem Brief noch vor Ausbruch des großen Kriegs teilte Friedrich seinen Eltern mit, dass er seine Freundin, Gerda Rosenthal, geheiratet hatte. Er bedauerte es natürlich, dass seine Eltern, nicht bei der Hochzeitsfeier sein konnten, doch er schaute hoffnungsfroh in die Zukunft. Seinen Namen Friedrich änderte er in die amerikanische Kurzform Fred. Er plante, drüben ein Elektrogeschäft aufzumachen, denn gut ausgebildete Handwerker schienen in den Staaten sehr gefragt zu sein. Warum Elsa ihre Zurückhaltung aufgab, den Söhnen von ihrer Angst zu berichten, war ihr selbst nicht ganz klar, doch sie musste irgend jemandem von ihrer gefährlichen und sehr unangenehmen Lage erzählen. Nur wer ahnen kann, wie schwer es für eine Mutter ist, wenn die Söhne in fernem Land weit, weit weg wohnen und arbeiten, versteht vielleicht, dass sie von da an jeden ihrer Briefe an die Söhne beendete mit „Herzliche Grüße - schweren Herzens - Eure Mutter". Ihr brach fast jedes Mal das Herz, wenn sie in ihrem Gefängnis vor einem Brief an ihre Buben saß. Selbstverständlich freuten sich alle sehr mit Friedrich über seine Heirat, aber die Tatsache, beide Söhne vielleicht nie mehr zu sehen, überwältigte Elsa immer beim Schreiben. Nur schweren Herzens brachte sie ihre Briefe zu Ende. Tagtäglich wartete sie auf Post aus den USA. Wenn man immer im Haus lebt wie ein Gefangener im Gefängnis, so hat man Zeit zum Nachdenken. Ihre Gedanken waren oft bei bei den Söhnen, aber ein Wiedersehen wurde damals immer unwahrscheinlicher. Wenn Elsa Post von ihren Söhnen erhielt, las sie glücklich und zufrieden mehrmals am Tag die Briefe durch. Doch sie war auch verzweifelt, weil die Lage ziemlich ausweglos schien. Gleichzeitig war sie wütend, denn sie hatte den Nazis nichts getan und trotzdem wurde sie verfolgt. Glücklich, verzweifelt und wütend, ihre Stimmungslage schwankte sehr stark. Ruhiger wurde sie nur, wenn Fritz bei ihr saß.

Abb. S. 96/97: Marktplatz, Wassertrüdingen

Die Lage spitzte sich zu.

Große Sorgen machten den Richters die Blockwarte, die die Nazis zur Kontrolle und Überwachung der eigenen Bevölkerung aufgestellt hatten. Diese Blockwarte sollten mit ihren Helfern alle Familien bzw. alle Alleinstehenden in ihrem Stadtviertel kontrollieren. Außerdem fragten sie die Nachbarn über die Gesinnung der anderen aus. Es war grausam, den ganzen Tag allein in der Wohnung zu sein und darüber nachzudenken, was alles passieren könnte. Da sich Elsa und Fritz nicht sicher waren, ob ein Blockwart oder ein Blockwarthelfer in die Wohnung vordringen würde, baute Fritz ihr in den Schlafzimmerschrank einen gepolsterten Sitz, auf den sie sich immer setzte, wenn es an der Wohnungstür läutete. Das kam zwar sehr selten vor, doch dann war es um so schlimmer. Zwei- oder dreimal kamen im Jahr Nazis an die Tür um für das Winterhilfswerk oder für den Eintopfsonntag zu sammeln. Das war jedes Mal furchtbar aufregend, denn sie kamen fast immer unaufgefordert bis ins Wohnzimmer. Elsa saß dann im Schrank und Fritz unterschrieb im Wohnzimmer die Liste, in die die Spenden eingetragen wurde. Diese Sammler im Auftrag der Partei sahen sich auch jedes Mal den eingestellten Sender im Volksempfänger an. 1941 oder 1942 kam der Blockwart höchstpersönlich und heftete im Wohnzimmer eine Karte an den Volksempfänger, auf der stand, dass das Abhören von Feindsendern ein Verbrechen sei, das mit Zuchthaus bestraft würde. Diesen Besuch vergaß Elsa nie mehr in ihrem Leben, denn sie hatte furchtbare Angst gehabt, während sich dieser fremde Mensch in ihrer Wohnung bewegte. Bei allen unangemeldeten Leuten in der Wohnung saß sie unbeweglich im Schlafzimmerschrank und bemühte sich nicht zu husten und nicht zu räuspern. Oft reizte sie damals dann ein Hustenreiz, und es war furchtbar für sie, diesem nicht nachzugeben.

Natürlich dienten die Besuche nicht nur dem Geldsammeln, sondern auch der Überwachung aller Menschen in diesem verbrecherischen System. Wenn Elsa tagsüber alleine durch die Wohnung ging, zog sie nur Strümpfe an, damit man ihre Tritte nicht hören konnte. Von allen Fußbodenbrettern wusste sie genau, welche knarzten und welche nicht. Am Fenster durfte sie sich auch nicht sehen lassen. Denn die Nachbarn gegenüber hätten sie sofort gesehen. Wenn nachts das Licht brannte, konnte sie die Fensterläden im Wohn- und Schlafzimmer zumachen, weil ihre Wohnung schon Fensterläden hatte. Als dann später die Verdunkelung aller Zimmer angeordnet wurde, fielen ihre Vorsorgemaßnahmen wegen des Lichts nicht mehr auf.

Eine besondere Schwierigkeit war für sie beide die Einführung der Lebensmittelmarken. Fritz hatte sie im Winter 1939 bei den Behörden abgemeldet. Damals gab es noch keine Lebensmittelbewirtschaftung. Als aber ab dem Herbst dieses Jahres Lebensmittelmarken zum Kauf von Essen nötig waren, wurde es schwierig, besonders in den folgenden Jahren, als die Rationen für jede Person immer kleiner wurde. Fritz und Elsa mussten ja von einer Karte leben. Sie schafften es nur, weil Fritz immer wieder aus Wassertrüdingen Päckchen mit Butter oder Fleisch bekam, die sie dringend zum Überleben brauchten. In Nürnberg war es damals fast unmöglich, zusätzlich zu den Lebensmittelmarken Essbares aufzutreiben. Elsa bewunderte ihren Fritz, wie er es immer schaffte, genügend Nahrungsmittel für sie beide zu bekommen. Seit Kriegsbeginn gingen seine Geschäfte in der Kanzlei immer schlechter. Die Geschäftsleute schlossen alle der Reihe nach ihre Läden, so dass Fritz am Ende kaum mehr genügend Geld verdiente. Kleidung gab es sowieso nur noch auf einer Kleiderkarte für Fritz. Da Elsa nicht mehr aus dem Haus kam, machte das aber nichts, denn sie brauchte auch keine neuen Kleider mehr. Im Herbst 1941 erzählte ihr Fritz, dass alle Juden von da an einen Judenstern tragen mussten. Wer als Jude ohne Stern erwischt wurde, musste mit schwersten Strafen, unter Umständen mit der Todesstrafe rechnen. In ihrem Gefängnis war sie froh, dass sie diesen Wahnsinn nicht mitmachen musste.

Die einzigen Lichtblicke in ihrem Gefängnis waren die Stunden, wenn Fritz daheim bei ihr war, und wenn Briefe aus den USA kamen. Jeden Brief der Söhne oder später der Schwiegertöchter las Elsa mehrmals. Manche Zeilen kannte sie auswendig. Die Antwortbriefe fielen ihr sehr schwer, viel lieber hätte sie ihre Söhne in die Arme genommen. Dass Ernst Arbeit in einem Filmstudio gefunden hatte, war für die Mutter unvorstellbar, das war eine ihr völlig fremde Welt. Aber die Begeisterung in den Briefen ihrer Söhne aus deren neuer Heimat tat Elsa gut. Die Namen der Filmschauspieler und die Titel der Filme sagten ihr gar nichts, doch entnahm sie den Briefen der Söhne, dass Ernst und Friedrich ihre Auswanderung nicht bereut hatten. Als Mutter freute sie das sehr, doch es tat weh, nur noch aus Briefen von ihnen zu hören. Ab 1941 begannen die Engländer und dann auch die Amerikaner mit der Bombardierung der Städte. Die Bewohner der Großstädte lebten von da an in ständiger Angst vor den Bomben und vor der Zerstörung des eigenen Hauses. Die Bombennächte wurden für Elsa zu einer Gefahr, und sie führten zu weiteren Problemen.

Fritz Richter ging bei Bombenalarm in den nächsten Schutzbunker, aber Elsa musste im Zimmer bleiben. Das Tönen der Sirenen bei Bombenalarm war für seine Ehefrau schrecklich. Bis ins hohe Alter bekam sie bei jedem Feueralarm eine nicht zu beschreibende Angst, die ihr richtig den Hals zuschnürte. Sie hatte dann Atemprobleme, die sie durch das Atmen in ein Taschentuch hinein ganz gut in den Griff bekam. Durch die geschlossenen Läden zuckten damals die Blitze der Bomben, und man sah die Brände der Nachbarhäuser durch die Schlitze der Läden leuchten. Fritz wollte auch immer oben bleiben, aber das Ehepaar befürchtete, dass dann nach Fritz gesucht würde. In den Luftschutzkellern wurden meistens alle Namen der Bewohner aufgerufen, die in diesen Luftschutzbunkern sein sollten. Wenn er einmal fehlte, konnte er sagen, dass er unterwegs gewesen war, aber oft durfte er dies nicht machen. Wenn Elsa und Fritz nebeneinander im Bett aneinandergekuschelt lagen, war das für sie eine große Beruhigung. Dann schien die Gefahr gebannt zu sein, aber allein – es war schrecklich, furchtbar und grausam. Regelmäßig bekam Elsa während der Bombenangriffe Todesangst.

Bei einem Bombeneinschlag in nächster Nähe bebte das ganze Haus. Zweimal gingen fast alle Fensterscheiben zu Bruch. Dabei spürte sie den heißen Luftdruck der Detonation. So stellte sie sich einen Blitzschlag in der Nähe vor. Mehrmals glaubte Elsa, dass dies ihr letzter Tag sein würde. Nach der Entwarnung nahm sich Fritz dann rührend jedes Mal Zeit, um ihr zu erzählen, was draußen so alles passierte. Dann hörten beide zusammen den offiziellen Rundfunk. Alle paar Tage einmal stellte Fritz auch ganz leise einen englischen Sender ein. So merkten sie ab Herbst 1942, wie ernst die Lage für Deutschland wurde. Die Sehnsucht, einmal draußen spazieren zu gehen war riesig, doch ihre Angst vor dem Entdecktwerden war noch größer. Also blieb sie nicht in der Wohnung, weil sie vernünftig war, sondern weil sie ganz große Angst vor den Nazis hatte, die sie auf der Straße sicher entdeckt hätten; so befürchtete sie es wenigstens damals.

Mit jedem Tag in ihrem selbstgewählten Gefängnis wurde Elsas Verzweiflung größer. Später, lange nach dem Krieg wusste sie selbst nicht, wie sie das Leben in den eigenen vier Wänden während dieser Bombenangriffe ausgehalten hatte. Jedes Geräusch im Haus beunruhigte sie. Der genaue Tagesablauf der Familie im Stockwerk über ihnen und der Familie unter ihnen war ihr klar. Auch die leisesten Geräusche hörte Elsa genau, denn sie hatte die Sorge, dass wieder irgend ein Nazi in der Wohnung auftauchen würde. Alles was im Gang bzw. Treppenhaus passierte, ließ sie aufhorchen. Unvorhergesehene Besuche im Haus bei anderen Familien machten ihr Angst, denn sie wusste ja nicht genau, was da vor sich ging. Mehrmals im Jahr hatten sie Besuch. Es kamen die Nazispitzel zum Sammeln in die Wohnung. Einmal kam ein von Fritz bestellter Installateur, weil der Wasserhahn in der Küche immer weiter tropfte, auch nachdem Fritz eine neue Dichtung eingebaut hatte. Im Schlafzimmerschrank hörte sie, wie Fritz mit ihm sprach. Der gute Mann blieb fast zwei Stunden. Auch vor ihm musste sie sich in Acht nehmen, denn wenn er sie gesehen hätte, dann wäre sie aufgeflogen, wenn er Nazi gewesen wäre. Andernfalls wäre er zum Mitwisser geworden, der selbst Angst haben musste, dass er als Eingeweihter verurteilt werden könnte.

Im Herbst 1943 erkrankte Fritz an einer heftigen Grippe. Ein Hausarzt kam und verordnete Hausruhe und Wadenwickel. Gerne versorgte Elsa ihren Fritz, doch als sie nichts mehr zu essen hatten, musste ihr kranker Mann zum Einkaufen gehen, weil sie als gesunde Frau nicht auf die Straße konnte. Fritz war ihr damals eine lebensnotwendige Stütze. Er verbreitete Zuversicht, obwohl sie merkte, dass er selbst nicht mehr an ein schnelles Ende dieser Not glaubte. Aber in seiner Nähe war Elsa wie ausgewechselt. Er konnte sie von ihrem Elend ablenken und, obwohl sie keine Ausflüge mehr machen konnten, war es ihr nur selten langweilig, wenn Fritz daheim bei ihr war.

Im zweiten oder dritten Kriegsjahr kam aus Amerika ein Brief, in dem Elsa von ihrer Schwiegertochter erfuhr, dass Ernst und Friedrich zum amerikanischen Militär eingezogen worden waren. Von da an durften die beiden nicht mehr nach Deutschland schreiben, denn das wäre als Landesverrat angesehen worden. Für Elsa ging die Welt unter, wie sollte sie während dieses grausamen Krieges erfahren, wie es ihren Söhnen ging. Dieser Zustand machte sie zunehmend fast wahnsinnig, am liebsten hätte sie jeden Tag den englischen Sender gehört, aber das hätte auch nichts gebracht. Die Verhältnisse während des Bombenhagels auf Nürnberg machten Fritz immer mehr zu schaffen, denn er wollte nicht, dass seine Frau in keinen Luftschutzkeller konnte. In diesem Chaos konnten sie von Glück reden, dass ihr Haus zwischen all den Ruinen noch stand. Die Ruinen der ehemaligen Nürnberger Oper ragten gespenstisch in den Nachthimmel, wenn sie durch die Gardinen manchmal vorsichtig hinaussah. Die Zerstörungen erinnerten sie daran, in welcher Gefahr jeder lebte, der im Zentrum dieser Stadt blieb. Die Geschäfte ihres Mannes gingen auch immer schlechter, und Fritz verdiente immer weniger.

Im August 1944 war Elsa wie üblich bei einem Bombenalarm nachts allein im Zimmer. Zuerst kamen Markierungszeichen der feindlichen Flugzeuge am Himmel, die den Bombern die Abwurfziele in der Stadt anzeigten. Und dann hörte man, wie das Dröhnen der Bomber immer lauter wurde. Schon flogen die Bomben in die Stadt und explodierten mit lautem Getöse. Sie vermischten sich mit dem Heulen von einigen Sirenen, die niemand ausgeschaltet hatte. Unzählige laute Explosionen folgten. Plötzlich spürte Elsa einen heißen Windstoß in das Zimmer hereindrücken. Die Fenster zersprangen und ihr Gefängnis begann zu zittern. Alle Schränke wackelten und in den Fächern zersprangen Gläser und Geschirr. Es dauerte mehrere Sekunden, bis alles im Haus zerbrochen war, und dann, dann war es totenstill. Eine der letzten Bomben von diesem Angriff hatte ihr Haus getroffen. Panische Angst ergriff die verängstigte Frau. Ihre Atmung schnürte ihr den Hals zu. Sie konnte nicht weinen, und sie konnte sich nicht bewegen. Wie gelähmt lag Elsa in ihrem Gefängnis. Brannte ihr Haus? War das Gebäude baufällig? Musste sie auf die Straße? Diese Fragen jagten ihr durch den Kopf, aber sie war unfähig eine Entscheidung zu treffen oder irgend etwas zu unternehmen. Nach einigen Minuten kam jemand die Treppe herauf. Sie wusste, dass es Fritz war. Er erzählte ihr von den Schäden an ihrem Gebäude. Es war nicht ganz baufällig (zerstörtes

Nürnberg. s. Abb. S. 106/107), aber auf der Rückseite des Gebäudes waren große Teile der Außenwand zerborsten. Lange konnten sie also in dieser Wohnung nicht mehr bleiben.

Ihr zweites Versteck

Natürlich merkte Elsa, dass Fritz wie immer einen Plan hatte, doch er rückte erst nach dieser Nacht damit heraus. Fritz meinte, dass sie sich beide in Wassertrüdingen niederlassen sollten. Sie könnte sich im Haus von Fritz' Schwester verstecken, und er würde in ihrem Elternhaus wohnen, wo auch sein Vater schon gewohnt hatte. Fritz telefonierte mit seiner Schwester, und sie erklärte sich bereit, mich zu verstecken. Sie begab sich damit auch in tödliche Gefahr, denn wenn man sie erwischt hätte, wäre das wahrscheinlich ihr Ende gewesen. Plötzlich im Herbst 1944 kam die Nachricht, dass der oberste Nazi in Wassertrüdingen, sich einverstanden erklärt hatte, Elsa in Wassertrüdingen untertauchen zu lassen. Er machte zur Bedingung, dass sie keine Lebensmittelmarken bekommen könnte, und dass sie niemals auf die Straße gehen dürfte. Außerdem sollte niemand je behaupten, er habe als Bürgermeister und Kreisleiter von Elsa etwas gewusst. Zwei Tage später stand am frühen Nachmittag vor ihrem halb zerstörten Haus ein kleiner Lastwagen. Zwei kräftige Männer holten die Möbel, Kisten und Schachteln ab. Mit einem Schal vermummt ging Elsa die Treppe vom ersten Stock hinunter. Glücklicherweise begegnete sie niemand. Auf der Straße war sie eine Passantin wie viele. Schnell stieg sie in den LKW. Fritz ging als letzter aus ihrer Wohnung. Er schloss ab und brachte der Hausmeisterin den Schlüssel.

Die Fahrt war für sie ein schönes, aber auch ein sehr aufregendes Erlebnis, denn niemand wusste, ob sie unerkannt das Haus ihrer Schwägerin erreichen würde. Kurz vor Gunzenhausen mussten sie anhalten, weil Militärfahrzeuge aus einem Feldweg in die Straße einbogen. Elsa hatte Angst, die Militärpolizei könnte sie anhalten, doch sie fuhren ohne Zwischenfälle weiter. Gunzenhausen passierten sie auch ohne Probleme, und bald danach war Elsa die Straße von früher her sehr bekannt. Unterschwaningen und Altentrüdingen

Oettinger Straße 35

ließen sie noch hinter sich, bevor sie vom Schafhof aus nach Wassertrüdingen hinunterfuhren. Der LKW-Fahrer und sein Möbelpacker waren sehr freundlich zu ihr. Sie hatten keine Ahnung, dass Elsa eigentlich gar nicht existieren sollte. Die Männer fragten sie, wie es ihr in Nürnberg gefallen hatte. Sie hatte nicht viel von Nürnberg gesehen. Deshalb erwiderte sie eben, sie sei nicht sehr viel durch die Stadt gegangen. Fritz hatte vorgeschlagen, was in Wassertrüdingen zu tun war. Zuerst fuhren sie in die Oettinger Straße 35, wo Elsa direkt aus dem LKW zur Haustür ihrer Schwägerin gehen konnte. Niemand hatte sie gesehen. Dann wurde zum Schein ein Bett abgeladen. Da saß sie nun im kleinen Wohnzimmer ihrer Schwägerin Frieda, während ihr Mann mit dem Möbelauto in ihr Elternhaus in der Mühltorstraße fuhr, um die Möbel und den ganzen Hausrat dort auszuladen.

Ihrem Gefühl nach war sie noch gar nicht in Wassertrüdingen angekommen, denn es drohte die gleiche Gefahr wie in Nürnberg. Wäre sie entdeckt worden, hätte das ihren sicheren

Mühltorstraße

Tod bedeutet, und ziemlich sicher wäre es auch das Todesurteil für ihre Schwägerin und für Fritz gewesen. Für die Nachbarn in der Oettinger Straße und in der Mühltorstraße war klar, dass sie bei ihren Buben in den USA war. Diese Vorstellung war verständlich für alle. So gab es ab und zu Fragen an ihre Schwägerin Frieda oder an Fritz, wie es ihr gehen würde. Trotzdem hatte Elsa große Bedenken, dass sie entdeckt werden könnte. Denn in einer Kleinstadt schauten viele Menschen einfach bei ihrer Schwägerin vorbei ohne sich vorher anzumelden. Doch die ließ sich nichts anmerken. Tagsüber war Elsa meist im Dachgeschoss oben, doch zum Abendessen kam sie immer in die Küche, wo ein kleiner Esstisch stand. Fritz kam jeden Tag vorbei. Manchmal blieb er länger, manchmal hatten sie auch Zeit für sich allein. Doch nachts ging er meist in die Mühltorstraße in ihr Elternhaus, damit niemand Verdacht schöpfte. Oft lag Elsa in diesen Nächten wach, wenn auf der Straße vor dem Haus große Militärfahrzeuge vorbeifuhren. Unzählige Male wälzte sie sich hin und her, wenn sie an ihre Buben in der Ferne dachte. Waren sie noch in Amerika, oder kämpften sie schon in Europa? Waren sie verwundet? Lebten sie noch? Die Fragen und Gedanken kreisten jede Nacht durch ihren Kopf. Die Gefahr entdeckt zu werden war eine ständige Begleiterin, doch sie trat manchmal zurück, wenn sie an die Gefahren für ihre Söhne dachte.

Die meisten Wassertrüdinger glaubten, dass Fritz allein aus Nürnberg zurückgekehrt war. Frieda kochte gerne für alle drei, denn ihr Mann war als Soldat fort. Fast jeden Tag kam auch eine Fünfzehnjährige von gegenüber kurz ins Haus, weil sie sich gut mit Frieda verstand. Das war für Elsa etwas riskant, denn dieses Mädchen war beim BDM, doch Frieda versuchte ihre Schwägerin zu beruhigen, weil sie das Mädchen gut kannte. Das Mädchen hieß Friedel und Elsa vermutete, dass sie wusste, dass jemand im Haus versteckt wurde, doch niemand hat die Untergetauchte je verraten.

Das Weihnachtsfest 1944 war für Elsa seit Jahren eine der schönsten Feiern, denn sie hatte zwei liebe Menschen um sich, die mit ihr einen angenehmen Abend erlebten. Frieda sang einige Weihnachtslieder vor, die Elsa auch leise mitsummen konnte. Sie fühlte sich endlich wieder einmal nach über sieben oder acht Jahren richtig geborgen. Für ein paar Tage waren ihre Ängste fast vergessen, doch dann spürte sie wieder das ganze Elend. Drei Tage nach Weihnachten kam ein Cousin von Frieda in Uniform ins Haus. Seine genagelten Schuhe und sein lautes Reden machten Elsa große Angst, obwohl sie im oberen Stock im Schlafzimmer lag. Fast jeden Tag heulten in Wassertrüdingen die Sirenen, und die Bomber der Alliierten flogen immer öfter über das Städtchen. Im Januar fuhren fast täglich deutsche Militärfahrzeuge an ihrem kleinen Häuschen vorbei, sie versetzten Elsa regelmäßig in Unruhe. Immer öfter erzählte ihr Frieda von Menschen aus der Gegend, die von Tieffliegern erschossen worden waren. Heimlich freute sich Elsa, weil die deutsche Wehrmacht immer stärker zurück gedrängt wurde, doch die Vorstellung, dass Amerikaner und Deutsche in Wassertrüdingen mit Panzern und Gewehren um die Stadt kämpfen, war eine bedrohliche Möglichkeit.

Ähnlich wie in Nürnberg war die Versorgung mit Essen für alle ein Problem, doch in Wassertrüdingen gab es die Möglichkeit, zur Verwandtschaft oder zu Bekannten auf die Dörfer zu gehen und zu betteln. Ihre Schwägerin beschwerte sich nie, dass Elsa als zusätzlicher Esser für sie Schwierigkeiten bedeutete. Im Gegenteil, sie hielt ihren Gast an zu essen, weil sie meinte, Elsa würde aus Rücksicht auf sie und Fritz wenig zulangen. Tatsächlich schmeckte der verängstigten Frau das Essen wieder zunehmend besser. Fritz freute sich sehr und lobte sie und seine Schwester. Die drei passten gut zueinander. Bis zum heutigen Tag ist Elsa ihrer Frieda sehr, sehr dankbar für ihre Fürsorge und für ihren Mut. Bestimmt hätten nicht viele für eine Schwägerin ihr Leben riskiert. Bis in die letzten Kriegstage lag Elsa mit ihr im Ehebett, da ihr Ehemann Georg ja als Soldat irgendwo weit weg war. Fürsorglich bis zum letzten Kriegstag und darüber hinaus war Frieda für Elsa wie ein Engel. Doch für ein ruhiges Leben waren die Tage im Winter 1945 nicht geeignet. Die militärische Lage veränderte sich jeden Tag und kaum einer wusste, wie es weitergehen würde. Die Amerikaner rückten stetig vom Rheinland her nach Süden vor. Jeder konnte sich ausmalen, dass sie auch irgend wann einmal bis zum Hesselberg vorrückten.

Für Fritz und für Elsa war es schlimm, dass ihre Buben als Feinde in Deutschland nun gegen ihre eigenen ehemaligen Landsleute kämpfen mussten, auch wenn Deutschland von Wahnsinnigen regiert wurde, die ihnen und ihrer Mutter nach dem Leben getrachtet hatten. Es war grausam: Die eigenen Kinder kamen zurück um gegen die eigenen Landsleute und vielleicht auch gegen die ehemaligen Schulkameraden zu kämpfen. Mit dem Verstand kann man so etwas nicht begreifen,

Elsa jedenfalls dachte immer öfter an ihre beiden Großen, die ja auch in diesem Zwiespalt stecken mussten. Es war Ernst und Friedrich weiter verboten an Deutsche zu schreiben. Dass ihre Einheiten den Eltern immer näher kamen, und dass sie auch als Soldaten in großer Gefahr waren, beruhigte Elsa natürlich nicht, im Gegenteil, ihre Sorge um ihre beiden Söhne steigerte sich in den letzten Kriegstagen immer mehr.

Das Kriegsende

Lange Fahrzeugkolonnen fuhren immer öfter durch Wassertrüdingen Richtung Oettingen. Die Panzer und LKWs machten besonders nachts einen bedrohlichen Lärm, der Elsa immer hochschreckte und nicht schlafen ließ. Dazu kamen dann plötzlich auch einzelne müde Gestalten, die sie von oben durch die Gardine sehen konnte. Zum Teil waren sie verwundet und humpelten mit Stecken oder Krücken vorbei. Frieda hatte einigen etwas Brot geschenkt, doch ins Haus ließ sie niemand. Sie hatte Angst, weil Elsa dann vielleicht aufgeflogen wäre. Fritz und Frieda erzählten ihr, dass es die wildesten Gerüchte über das nahe Ende in unserer Gegend geben würde, doch anfangs April 1945 riß eine Explosion die Wassertrüdinger Nazis aus ihrem Größenwahn. Munition in abgestellten Eisenbahnwaggons explodierte am Bahnhof. Es muss eine furchtbare Detonation gewesen sein, doch Elsa war froh, dass sie Nürnberg entkommen war. In Wassertrüdingen hatte sie mehr Angst vor den Nazis als vor den Bomben. Elsa schlief in den letzten Kriegswochen in der Oettinger Straße kaum mehr, denn irgendwelche deutschen Militärfahrzeuge waren immer auf der Straße Richtung Oettingen unterwegs. Besonders die Panzer ließen das ganze Haus erzittern, das nur knapp zwei Meter von diesen schweren Kettenfahrzeugen direkt an der Straße lag.

Die verschiedensten Gerüchte machten unter der Bevölkerung die Runde. Eines Nachts hörte man sehr weit in der Ferne schweres Rumpeln. Fritz blieb in dieser Nacht bei den beiden Frauen. Er meinte, dieser Lärm käme aus der Gegend hinter Dinkelsbühl. Später erfuhren sie, dass in diesen Nächten die Amerikaner bei Crailsheim kämpften. Am Vormittag des 23. April 1945 war es nach einigen Detonationen im Morgengrauen plötzlich ganz ruhig. Es waren keine deutschen Soldaten mehr zu sehen, und es liefen auch keine Verwundeten mehr am Haus in der Oettinger Straße vorbei. Fritz schaute einige Minuten vor das Haus und erfuhr von der Sprengung der Wassertrüdinger Brücken. Am Morgen hatten alle Wassertrüdinger die Explosionen gehört. Anscheinend waren alle deutschen Soldaten aus Wassertrüdingen abgezogen. Diese gespenstische Ruhe wurde ab Mittag von einem entfernten Brummen und einigen sehr entfernten Schüssen unterbrochen. Fritz meinte, die Amerikaner würden bald nach Wassertrüdingen kommen. Und tatsächlich, am Nachmittag lief ein Mann durch die Straßen und schrie, man solle weiße Tücher vor die Fenster hängen. Fritz bewunderte diesen mutigen Mann, der wahrscheinlich selbst beschlossen hatte, alle zum Hissen der weißen Fahnen aufzurufen. Und dann hörte man schon Panzer und andere Fahrzeuge der Amerikaner in die Stadt hereinfahren.

Fritz, Frieda und Elsa umarmten sich vor Freude, denn von da an hoffte Elsa wieder allein ohne Angst auf die Straße zu können. Sie wusste nicht, wie andere Wassertrüdinger den Einmarsch der Amerikaner empfanden, für die drei war es eine Befreiung. Über sechs Jahre hatte sich Elsa nicht mehr auf die Straße getraut, weil ihre eigenen Mitbürger ihr nach dem Leben trachteten. So ganz sicher fühlte sie sich nicht, als sie am nächsten Tag mit Fritz zum Marktplatz ging. Ängstlich schaute sie sich um nach deutschen Uniformen, doch es waren nur amerikanische zu sehen. Einige schwarze amerikanische Soldaten lachten sie an, sie fühlte sich bei ihnen sicherer als vorher bei den deutschen Landsern. Fritz ging mit seiner Frau zum Rathaus, doch niemand durfte hinein. Amerikanische Soldaten bewachten den Eingang. Als nächstes besuchten sie zusammen ihr Elternhaus in der Mühltorstraße, das Elsa auch schon so lange nicht mehr betreten hatte. Im Wohnzimmer fühlte sie sich sehr wohl. Fritz hatte alles sehr wohnlich gehalten und sie beschlossen, gleich hier zu bleiben. Die Nachbarn waren nicht nur verblüfft, Elsa zu sehen, sie freuten sich fast alle ehrlich mit ihr, dass sie den Krieg und den Nazi-Terror überlebt hatte. Vor lauter Aufregung hatte Elsa den ganzen Tag nicht an ihre Buben gedacht, doch abends bei einem sehr einfachen Abendessen mit etwas Brot, Margarine und einem käseähnlichen Aufstrich, begannen Fritz und sie darüber nachzudenken, ob sie mit ihnen Kontakt aufnehmen könnten.

Natürlich war Fritz dafür, und schon am nächsten Tag ging er auf den Marktplatz zum Rathaus und fragte nach einem Offizier. Fritz konnte etwas Englisch, manche von den amerikanischen Soldaten sprachen sehr gut Deutsch. Sofort wurde er ins Rathaus eingelassen und nach einem längeren, sehr guten Gespräch kam er nach Hause und erzählte seiner Frau, sie sollten am Nachmittag beide kommen, dann könnten sie mit Ernst telefonieren. Wie sprang da ihr Herz, sie konnte es kaum erwarten bis es soweit war. Im Rathaus war sie kaum fähig viel zu erzählen. Am Telefon versprach Ernst, so bald es möglich sei nach Wassertrüdingen zu kommen. Er wusste von Friedrichs Aufenthalt in Norddeutschland, auch ihm ging es gut. Glücklich wie ein kleines Kind verließ Elsa das Rathaus. Ihre beiden Buben waren wohlauf, was konnte schöner sein. Fritz blieb noch einige Minuten bei dem amerikanischen Offizier. Daheim öffnete er zum ersten Mal seit einigen Jahren eine Weinflasche. Zu dritt feierten sie überglücklich. Frieda hatte zwar noch nichts von ihrem Mann Georg gehört, doch das war schon besser als eine Nachricht aus einem Gefangenenlager. Auch wenn es wenig oder fast nichts zu kaufen und zu essen gab, für Elsa waren die Tage nach dem Einmarsch der Amerikaner eine schöne Zeit, sie atmete wieder freier.

Ein lang ersehntes Wiedersehen

Dann kehrte endlich wieder etwas Regelmäßigkeit ein. Fritz war den Amerikanern als Nicht-Nazi bekannt, und so ernannten sie ihn am 1. Juli 1945 zum Bürgermeister. Für Elsa war es unvorstellbar gewesen, dass die Amerikaner ihren Fritz zum Bürgermeister machten. Fritz Richter gefiel der Posten sehr gut, er machte die Arbeit für die Stadt gerne. Immer später kam er heim zum Abendessen, und je mehr er für die Stadt tat, desto weniger sahen sie sich. Da er seine Arbeit mit großem Eifer machte, trat Elsa zurück. All die Jahre vorher hatte er auf seinen Beruf und auf vieles andere verzichtet, jetzt sollte er endlich auch das tun können, was ihm Spaß machte.

Doch zwei Monate bevor Fritz Bürgermeister wurde, erlebte Elsa einen der aufregendsten Tage in ihrem Leben. Sie konnte sich später kaum daran erinnern, denn vor lauter Freude hatte sie diese Stunden nicht richtig mitbekommen. An einem Tag im Mai 1945 noch vor dem offiziellen Kriegsende war für sie der Krieg vorbei, denn an diesem Nachmittag hielt ein amerikanischer Jeep vor ihrem Haus. Sicher waren einige Nachbarn in der Mühltorstraße ängstlich, was die Amerikaner vorhatten. Doch der Fahrer sprang heraus, nahm seinen Beutel mit und lief in das Haus auf der rechten Seite. Als Ernst ins Haus rannte, war Elsa gerade oben im Schlafzimmer. Fritz rief sie, und es war gut, ihr nichts von der Ankunft des Sohnes zu sagen, sonst wäre sie vielleicht noch die Treppe hinunter gefallen. Elsa weinte vor Freude. Ununterbrochen sprach sie vor Aufregung. Zuerst bekam sie, wie damals in Nürnberg während der Bombennächte, keine Luft mehr. Sie atmete in ihr Taschentuch, doch irgendwann war sie dann wieder so normal, dass sie sich mit ihrem Sohn Ernst unterhalten konnte. Elsa konnte sich kaum vorstellen, was Ernst begeistert von seiner neuen Heimat Kalifornien erzählte. Es war für die besorgte Mutter ein großes Glück, dass sich beide Söhne in der gleichen

Gegend niedergelassen hatten und dass der Kontakt zwischen den Brüdern nie abgerissen war. An diesem schönsten Tag ihres Lebens erfuhr Elsa auch von Ernst, wie gut es Friedrich ging. Dieser war damals in Norddeutschland bei der amerikanischen Armee, er war auch gesund und der Krieg lag in den letzten Zügen.

Elsa war verunsichert und bis an ihr Lebensende konnte sie manche Erlebnisse in ihrem Leben nicht verstehen. Viele Wassertrüdinger begegneten ihr mit Respekt, doch anderen war sie anscheinend unangenehm. Warum lebten ihre Söhne in einem fremden Land, das mit Deutschland Krieg führte? Wie war es möglich, dass manche Mitmenschen in Wassertrüdingen plötzlich glaubten, Elsa sei lästig? Während der Nazizeit wurde sie nicht nur beschimpft, sie und alle Juden wurden verfolgt und viele umgebracht? „Habe ich ihnen etwas getan? Was haben sie gegen mich?“ fragte sie sich immer wieder, doch Fritz versuchte ihr klarzumachen, dass sie auf diese Fragen keine Antwort bekommen würde. Wie sollte Elsa auch verstehen können, dass Menschen beschließen eine andere Gruppe von Mitmenschen zu verfolgen, zu demütigen und zu töten? Warum beschließt ein Staat, dass ein Teil der Bevölkerung eingesperrt und umgebracht werden muss? „Warum musste ich mich verstecken und fast sieben Jahre meines Lebens wie in einem Gefängnis leben?“ Immer wieder ertappte sich Elsa bei dem unsinnigen Gedanken, was sie falsch gemacht hatte, sie wollte doch keinem Menschen weh tun. Froh und dankbar stellte sie fest, dass dieser Spuk schließlich ein Ende hatte, aber eine innere Unsicherheit prägte sie noch mehrere Jahre lang, denn es war zu abwegig, was sie erlebt und erlitten hatte. Wenn sie auch vieles nicht verstand, so war sie doch befreit und zufrieden. Langsam wandelte sich ihre große Angst vor den Verfolgern in Dankbarkeit. Ihr Mann und seine Schwester hatten immer zu ihr gehalten hatten. Beide hatten für Elsa ihr Leben riskiert. Und sie wurde geliebt von einem Ehemann, der trotz aller staatlichen Verfolgungen und Verbote zu ihr stand, ja der sogar für sie seinen Beruf aufgegeben hatte. Ihre zwei Söhne überlebten den Unrechtsstaat und die Verfolgungen, sie selbst war auch am Leben. Ihr Mann beruhigte und versorgte sie in allen Lebenslagen. Ihm widmete sie dankbar die unten folgenden Gedanken. Ihm verdankte sie ihr Leben! Ohne ihn und seine Liebe hätte sie im Alter nicht so zufrieden auf ihr Leben zurückschauen können!

GATTE, VORBILD, KAMERAD.
SINN UND SEELE FREI UND GRAD.
WEGGESELLE TREU DURCHS LEBEN.
MIR VON GOTT DEM HERRN GEGEBEN.

Inschrift unten auf dem Grabstein
von Elsa und Fritz Richter

Die beiden letzten Wohnstätten von Elsa Richter in Wassertrüdingen: Brauhausstraße 7 (links) und Markgrafenstraße 4 (rechts)

Nachtrag

Natürlich war es nicht möglich, alle Ereignisse aus dem Leben von Elsa Richter zu erzählen. Sie wohnte 1945 kurz in ihrem Elternhaus in der Mühltorstraße und zog dann mit ihrem Mann, wahrscheinlich auf Anraten der Amerikaner, in das Haus des ehemaligen Kreisleiters und Bürgermeisters in der Lentersheimer Straße Nr. 2. In dem damals neu gebauten Haus der Familie Abel in der Brauhausstraße Nr. 7 lebte Elsa Richter anschließend, wo auch Sohn Ernst oft, zum Teil auch länger, zu Gast war. Einige Wassertrüdinger können sich noch gut an diesen Ernst Richter erinnern. Später zog Elsa Richter dann allein in die Markgrafenstr. 4. 1969 ist Ernst Richter, also der ältere Sohn, von Fritz und Elsa Richter gestorben. Die Mutter musste ihren Sohn begraben. Der Sohn Friedrich besuchte die Mutter auch einige Male in Wassertrüdingen, doch war er nach 1945 nur immer sehr kurz in unserer Stadt. Er hatte in Los Angeles ein Elektrogeschäft aufgemacht. Einige Wassertrüdinger erinnern sich noch an Frau Richter. Sie war eine kleine, zierliche Frau, die ihren Nachbarn bescheiden und unauffällig begegnete. Trotzdem blieb sie auch einigen Menschen bis heute noch gut in Erinnerung. Leider habe ich von Elsa Richter kein Foto finden können.

Die Eltern von Elsa Lehmeier:

Oberer Grabstein: „Hier ruht **Klara Lehmeier** *- Ruhe in Frieden - Geb. Weinberger, geb. 14. Mai 1858, gest. 5. Juli 1920 - aus Wassertrüdingen*

Unterer Grabstein: **Samuel Lehmeier** *aus Wassertrüdingen - gest. 8. August 1927 in Nürnberg*

FRITZ RICHTER
STEUERAMTMANN I.R.
1890 – 1950
ELSA RICHTER
1891 – 1977
DR. ERNST RICHTER
1911 – 1969
GATTE, VORBILD, KAMERAD,
SINN UND SEELE FREI UND GRAD,
WEGGESELLE TREU DURCHS LEBEN,
MIR VON GOTT DEM HERRN GEGEBEN.

Verwendete Literatur und Quellen:

Adressbuch von 1926, Verlag C.H. Beck, Nördlingen 1926.

Chronik des 20. Jahrhunderts, Lizenzausgabe für Bertelsmann Verlag, Georg Westermann, o.J.

Huber, Friedo, Letzte Kriegs- und erste Friedensmonate 1945 in Wassertrüdingen, S.33-40, in Alt-Dinkelsbühl 2010

Kirchner, Horst, Der „Förschters-Horschtl" erinnert sich..., Wassertrüdingen, Heft im Eigenverlag, Jahr unbekannt.

Richter, Ernest F., Sprung über den Ozean, Sebaldus Nürnberg, o. J.

Ott, Norbert, Das Wassertrüdinger Häuserbuch, Wassertrüdingen 1990 (Manuskript).

Ott, Norbert, Wassertrüdingen unter Krone und Kanzler, Wassertrüdingen 1987.

Folgende Zeitzeugen haben mir berichtet:

Klaus Abel, Hans Beitler, Pof. Dr. Friedo Huber, Ruth Losert, Friedel Prade, Ulrike und Reinhold Reichenberg, Adolf Rosenbauer.

Informationen standen auf folgenden Grabsteinen:

Grabstein der Familie Richter auf dem Friedhof in Wassertrüdingen (Abb. S. 124).

Grabsteine von Klara Lehmeier, geb. Weinberger und von Samuel Lehmeier auf dem jüdischen Friedhof in Bechhofen (Nr. 2287 und Nr. 2288).

Urkunden des Standesamts Wassertrüdingen:

5. Okt. 1891 Geburtsurkunde von Elsa Lehmeier.

8. Juli 1915 Geburtsurkunde von Friedrich Richter (später Fred Richter)

Nach dieser Urkunde lebte das Ehepaar Richter damals in Nürnberg, Angerstraße 6 I. Zur Geburt war Elsa in Wassertrüdingen.

Bildnachweis:

Fritz Richter, Eigentum der Stadt Wassertrüdingen.
Mühltorstraße 2, Friedrich Held, 2016.
Oettinger Straße 38, Friedrich Held 2016.
Grabstein der Familie Richter, Friedrich Held 2010.
Hafenmarkt, Kopie einer alten Postkarte, Herkunft unbekannt.

Titelbild (und S. 40/41) von Johanna Schierlinger, geb. Haas. Sie stammte aus der Stadtapotheke und war taub. In den 40er-Jahren fertigte sie mehrere Aquarelle von der Stadt Wassertrüdingen. Das Gemälde befindet sich im Besitz der Familie von Rudolf Stieglitz, und wurde dankenswerter Weise für dieses Buch zur Verfügung gestellt.

Zerstörtes Nürnberg 1945: Downloaded from http://www.dodmedia.osd.mil/DVIC_View/Still_Details.cfm?SDAN=HDSN9902987&JPGPath=/Assets/Still/1999/DoD/HD-SN-99-02987.JPG; Author Keystone/Second Roberts Commission

Nürnberg Aufmarsch der SA, Bundesarchiv, Bild 183-K0326-0503-003 / CC-BY-SA 3.0

Jüdischer Friedhof in Bechhofen: Die Bilder wurden uns über Pfarrer Michael Weber aus Königshofen. Vermutlich war der Fotograf Albert Evers aus Bechhofen. Wir danken Claudia und Herbert Dommel für die Vermittlung.

Zahlreiche historische Ansichten hat die Druckerei von Willy Baierlein in Wassertrüdingen zur Verfügung gestellt. Dafür danken der Autor und der Verlag von ganzem Herzen!

Anmerkungen zu diesem Buch:

Mein Dank gilt hier einigen Bekannten, die mir geholfen haben, das Leben der Elsa Lehmeier-Richter zu verstehen und nachzuzeichnen. Besonderer Dank gilt Herrn Prof. Dr. Huber, dem leider schon verstorbenen Horst Kirchner, Ruth Losert und meiner Frau Erika.

Da mir nur wenige Dokumente und Aussagen über Frau Elsa Richter vorlagen, wurden von mir einige Begebenheiten dazu geschrieben, um das Leben von Frau Elsa Richter-Lehmeier besser zu verstehen. Dabei musste ich mich den zeitgeschichtlichen Verhältnisssen anpassen. Einige Aussagen der Zeitzeugen widersprechen sich, ich habe mich immer für die wahrscheinlichere entschieden. So z.B. wurde als Sterbejahr einmal 1972 angegeben, auf dem Grabstein steht aber 1977.

Der Tote vom Eisler

Eine Kriminialgeschichte
von Friedrich Held

EHA Edition Hesselberg
& Altmühlfranken
im Schrenk-Verlag

www.buchfranken.de